Руководство для участника

I0200319

СВОБОДА во ХРИСТЕ

НИЛ Т. АНДЕРСОН и СТИВ ГОСС

-НЕДЕЛЬНЫЙ КУРС УЧЕНИЧЕСТВА ДЛЯ КАЖДОГО ХРИСТИАНИНА

БОЛЕЕ 300 ТЫСЯЧ ПОЛЬЗОВАТЕЛЕЙ

Originally published in English under the title

Freedom in Christ

Participant's guide

by Neil T. Anderson and Steve Goss

Copyright © 2004, 2009 Neil T. Anderson and Steve Goss

English ISBN 978-1-85424-940-1

Russian edition
translated and published by arrangement with Freedom in Christ International.

Свобода во Христе

Руководство для участника

Нил Т. Андерсон и Стив Госс

Если не указано иначе, все библейские цитаты приводятся по Синодальному переводу Библии.

Переводчик: Ольга Нел

Редакторы: Владимир Шевченко

Татьяна Томашевская

Художник-оформитель: Айгарс Трухинс

ISBN 978-9984-613-86-4

© 2016 Служение Свобода во Христе

www.FICMinternational.org

Издатель FICMI (Международное служение Свобода во Христе, Inc.)

http://www.ficminternational.org/

Содержание

Отзывы предыдущих участников о курсе «Свобода во Христе»

«Слава Господу — мое сознание прояснилось, впервые за многие годы!»

«После того, как я осознала свое новое положение во Христе, смогла всем сердцем принять Божью истину и отвергнуть обман врага, все в моей жизни изменилось».

«Теперь я в состоянии возрастать в вере так, как никогда раньше».

«Моя жизнь полностью преобразилась. Как будто я бродил во тьме и наконец вышел на свет».

«Я была отделена высокой стеной боли, страданий и лжи от истины о Божьей любви и свободе, дарованной Христом. Теперь эта стена разрушена».

«Это был поворотный момент в моей судьбе... Теперь я чувствую, что живу той полноценной жизнью, которую обещал Христос и о которой я всегда мечтал».

Зачем нужен этот курс?

Курс «Свобода во Христе» — абсолютно для всех христиан: от новообращенных до зрелых, от растущих в вере быстро до тех, кому кажется, что на пути духовного роста они где-то застряли.

Курс был разработан, чтобы помочь вам:

- **прорваться на более высокий уровень духовной зрелости;**
- **раскрыть все те «сферы обмана», которые сдерживают ваш рост в вере;**
- **разрешить личные и духовные конфликты;**
- **овладеть стратегиями, позволяющими обновить свой разум и освободиться от негативного мышления и вредных моделей поведения.**

В центре внимания этого курса — не вопрос, как правильно себя вести, а вопрос, как и во что верить. В конце концов, Христос уже даровал нам освобождение (Гал. 5:1) и все необходимое для полноценной жизни (2 Петр 1:3). Просто мы не всегда это чувствуем!

Может быть вам кажется, что вы еще не раскрыли весь свой потенциал в служении Господу? Или никак не можете вырваться из замкнутого круга повторяющегося греха, негативных мыслей, страхов, непрощения или осуждения. Однако вам хочется возрастать и достичь зрелости в вере. Этот курс поможет вам глубоко осознать удивительную истину о том, что вы являетесь новым творением во Христе, раскрыть обманы врага и противостоять ему и, в итоге, стремительно расти в вере и ученичестве. Мы не предлагаем мгновенного решения всех ваших проблем, но этот курс может радикально изменить вашу христианскую жизнь.

Как использовать этот курс с наибольшей отдачей

Постарайтесь присутствовать на каждом занятии.

Прочитайте книги Нила Андерсона **«Победа над Тьмой»** и **«Разрывающий оковы»**, что поможет вам закрепить полученные знания.

Выполняйте предложенные упражнения из раздела «На следующей неделе», находящемся в конце материала каждого занятия.

Обязательно пройдите практическое занятие «Шаги к Свободе во Христе», мягкий и несложный процесс, во время которого вы будете просить Духа Святого показать вам сферы вашей жизни, требующие покаяния. Большинство церквей проводят «Шаги» между занятиями 9 и 10, и для многих людей они становятся опытом, кардинально меняющим жизнь.

Этот курс также учит стратегиям, позволяющим укрепиться в обретенной свободе и регулярно обновлять свой разум — сделайте это частью своей повседневной жизни.

ВВОДНОЕ ЗАНЯТИЕ

ВВОДНОЕ ЗАНЯТИЕ

Это занятие не обязательное и проводится по желанию.

ЗНАКОМСТВО

Самая лучшая книга, которую вы когда-либо читали (кроме Библии)?

ПРОСЛАВЛЕНИЕ

Попросите Бога присутствовать среди вас и откройте Ему свои сердца. Иер. 29:11–13; Пс. 33:4–7; Евр. 4:12; Фил. 1:6.

СЛОВО

Ключевой стих: Ибо слово Божие живо и действенно и острее всякого меча обоюдоострого: оно проникает до разделения души и духа, составов и мозгов, и судит помышления и намерения сердечные (Евр. 4:12).

Ключевая истина: Библия занимает совершенно особое положение среди всех остальных книг, и существуют веские причины для утверждения, что она является посланием Бога людям, которых Он сотворил.

Зачем нужен курс «Свобода во Христе»

Иисус сказал своим ученикам: «идите, научите все народы» (Мф. 28:19). Ученик это не то же самое, что «обращенный» или «верующий». Это тот, кто непрерывно учится и приобретает новые знания.

Под знаниями здесь подразумевается не только и не столько накопленная в голове информация. Наиболее важным является все более глубокое познание личности Иисуса Христа и осознание того, как это преобразует жизнь человека во всех ее сферах.

ПАУЗА ДЛЯ РАЗМЫШЛЕНИЯ 1

Самый лучший совет в вашей жизни?

Если бы вам нужен был очень важный совет, и вы спросили бы нескольких человек, а у них были бы разные мнения, как бы вы решили, какому из них довериться?

Вспомните случай, когда кто-то дал вам неправильную информацию. К чему это привело?

Почему мы должны доверять Библии?

Библию легко можно назвать самой влиятельной из когда-либо написанных книг:

*   первая книга, вышедшая в печатном издании;
*   переведена более чем на 2500 языков;
*   напечатано около 6 миллиардов экземпляров;
*   каждую минуту в мире продается 50 Библий.

Несмотря на то, что Библия была написана 40 различными авторами (от царей до рыбаков), живущими в разные времена на протяжении 1500 лет на трех различных континентах, она претендует на то, чтобы являться посланием Самого Бога к людям, Им сотворенным. Говоря словами самой Библии: «Все Писание богодухновенно» (2 Тим. 3:16). Но почему мы должны этому верить?

1. Библию подтверждает история

До настоящего дня, археологические открытия делали не что иное, как подтверждали историческую точность Библии.

Если подтверждается историческая информация в Библии, почему мы не должны доверять другой информации, содержащейся в ней, пусть даже необычной или экстраординарной?

Примечание. Существуют многочисленные материалы, освещающие этот и другие вопросы, рассматриваемые на этом занятии. Ведущий вашей группы сможет порекомендовать вам некоторые из них.

2. Библейские предсказания сбываются

Библия полна предсказаний о будущем (пророчеств), которые в самом деле осуществились, несмотря на то, что многие казались маловероятными.

Многие детали жизни и смерти Иисуса Христа были точно записаны за сотни лет до Его рождения.

ПАУЗА ДЛЯ РАЗМЫШЛЕНИЯ 2

Прочитайте следующие ветхозаветные пророчества:
Мих. 5:2; Ис. 7:14; Иер. 31:15; Пс. 40:9; Зах.11:12, 13; Пс. 21:18 и Зах. 12:10; Исх. 12:46 и Пс. 33:20; Пс. 21:18.

Как эти пророчества осуществились через Иисуса Христа?

3. Заявление Библии, что Христос воскрес из мертвых, заслуживает доверия

Это утверждение поразительно, но факты его подтверждают. Нет сомнений, что свидетели этого события поверили происшедшему, так как многие пошли за свою веру на смерть.

4. Церковь никогда не переставала расти

Церкви понадобилось 1900 лет, чтобы количество ее членов достигло 2,5 % населения Земли. Затем, всего через 70 лет, это число удвоилось и стало 5%. В течение последующих тридцати лет, между 1970 и 2000 гг., оно снова более чем удвоилось, достигнув 11,2%.

Уменьшение церкви на Западе является исторической аномалией, что с лихвой компенсируется ее ростом в других частях света.

 СВИДЕТЕЛЬСТВО

Если бы кто-то вам сказал, что считает Библию «просто коллекцией мифов и легенд», что бы вы такому человеку на это ответили?

 НА СЛЕДУЮЩЕЙ НЕДЕЛЕ

Если вам все еще не удается читать Библию регулярно, почему бы не попробовать уже сейчас читать короткие отрывки каждый день? Можно начать с любого Евангелия: от Матфея, Марка, Луки или Иоанна. В процессе чтения, напоминайте себе о фактах, которые мы сегодня рассмотрели, и о том, что Сам Создатель Вселенной хочет сегодня разговаривать с вами через Свое Слово, Библию. Не поразительно ли это?!

ЗАНЯТИЕ 1. Кем я был?

ЧАСТЬ I. КЛЮЧЕВЫЕ ИСТИНЫ

Иисус сказал, что мы познаем истину, и истина сделает нас свободными! На первых трех занятиях мы рассмотрим некоторые ключевые истины о том, что значит быть христианином.

ЗНАКОМСТВО

Проведите несколько минут в парах, стараясь выяснить как можно больше друг о друге. Затем, не слишком долго думая (не больше 30 секунд), ответьте на такой вопрос о вашем партнере: «Кто он/она?»

ПРОСЛАВЛЕНИЕ

Божьи планы и обещания. Пс. 32:10–11; Иов. 42:2; Прит. 19:21.

СЛОВО

Ключевой стих: Имеющий Сына (Божия) имеет жизнь; не имеющий Сына Божия не имеет жизни (1 Ин. 5:12).

Ключевая истина: До того, как мы стали христианами, наши действия определялись потребностями быть принятыми, защищенными и значимыми. Теперь, во Христе, мы духовно живые дети Божьи, которые приняты, защищены и значимы.

Кто вы на самом деле?

Что является сутью моего «Я»? Мое тело? Моя собственность? Мои действия? Мои мысли?

Вы созданы по образу и подобию Божьему (Быт. 1:26)

Бог — это Дух, и мы также имеем духовную природу — внутреннего человека (или душу/дух).

Не внешний человек (наше тело) создан по образу Божьему, а внутренний человек, обладающий способностью думать, чувствовать и выбирать.

Какими нас задумал Бог?

Физически живыми
Наш дух соединен с нашим телом.

Духовно живыми
Наш дух соединен с Богом.

Духовное единение с Богом придало жизни Адама следующие важные качества:

1. **Значимость**

2. **Защищенность**

3. **Принятие**

Точно так же Бог задумал и вас: с уверенностью в своей защищенности, высокой жизненной целью и чувством единения с Богом и другими людьми.

ПАУЗА ДЛЯ РАЗМЫШЛЕНИЯ 1

Расскажите, пожалуйста, почему вы пришли на этот курс? И что вы от него ожидаете?

Попробуйте представить жизнь Адама и Евы такой, какой она была вначале. Чем бы она отличалась от вашей?

О чем, по вашему мнению, они могли думать в конце дня перед сном?

Последствие грехопадения — духовная смерть

Последствия греха Адама и Евы могут быть выражены одним словом: «смерть». Духовная смерть для них (а значит, и для нас) означала следующее:

1. Утрата знания Бога

«Будучи помрачены в разуме, отчуждены от жизни Божией, по причине их невежества и ожесточения сердца их» (Еф. 4:18).

2. Негативные эмоции

Они чувствовали:

* страх и тревогу
* вину и стыд
* отверженность
* слабость и беспомощность
* подавленность и гнев

Попытка вернуть утраченное

То, что предлагает мир, не работает

Мир предлагает ряд ложных формул, обещающих восстановить то, что было утрачено Адамом и Евой:

Деятельность + Достижение = Значимость

Положение + Признание = Защищенность

Внешность + Восхищение = Принятие

«Суета сует, сказал Екклесиаст, суета сует, — все суета!» (Еккл. 1:2)

Следование правилам не работает

Бог дал Закон Своим людям, но тот оказался бессильным восстановить жизнь, которую Адам и Ева утратили. Предназначением Закона было привести нас к осознанию своей беспомощности и указать на Христа, окончательную жертву за грехи всего человечества.

Зачем пришел Христос?

Возвратить нам духовную жизнь

Возвращение нам жизни, утраченной Адамом, возможно только путем восстановления отношений с Богом и воссоединения нашего духа с Его Духом. Только так мы опять станем духовно живыми.

«Я пришел для того, чтобы имели **жизнь** и имели с избытком» (Ин. 10:10) (Выделено нами).

«В начале было Слово, и Слово было у Бога, и Слово было Бог...В Нем была **жизнь**, и жизнь была свет человеков» (Ин. 1:1–4) (Выделено нами).

«Иисус сказал ей: Я есмь воскресение и **жизнь**; верующий в Меня, если и умрет, оживет» (Ин. 11:25) (Выделено нами).

В Адаме мы потеряли жизнь. Христос пришел, чтобы возвратить нам жизнь.

Вернуть нам значимость, защищенность и принятие

Вы предполагали, что вечная жизнь — это то, что нас ждет после смерти? Нет, это гораздо больше — это совершенно другое качество жизни прямо сейчас.

«Имеющий Сына (Божия) имеет жизнь; не имеющий Сына Божия не имеет жизни» (1 Ин. 5:12).

Наши врожденные потребности найти свою индивидуальность, быть принятыми, защищенными и значимыми могут полностью реализоваться во Христе уже сейчас.

ПАУЗА ДЛЯ РАЗМЫШЛЕНИЯ 3

Какие утверждения, прочитанные нами, вас удивили? Почему?

Какие из них вас особенно вдохновили? Почему?

Если Бог о нас что-то говорит, а нам кажется, что это не так, как мы должны реагировать?

 СВИДЕТЕЛЬСТВО

Каким образом люди пытаются добиться принятия, значимости и защищенности?

Как вы объясните неверующему соседу то, что в конечном счете все это мы можем найти только во Христе?

 НА СЛЕДУЮЩЕЙ НЕДЕЛЕ

Постарайтесь каждый день читать вслух истины о вас из списка «Значимость, Защищенность и Принятие, восстановленные во Христе». Затем выберите одну из этих истин, имеющую особенное отношение к вашей жизни, и посвятите немного времени чтению соответствующего отрывка из Библии, прося Бога помочь понять эту истину во всей полноте.

Я — значимый

Я не могу сказать о себе, что я ничтожен, неполноценен, беспомощен или безнадежен. Во Христе я особенно значим. Бог обо мне:

Мф. 5:13, 14	Я соль земли и свет мира.
Ин. 15:1, 5	Я ветвь истинной Лозы, Иисуса Христа, дающего жизнь.
Ин. 15:16	Я избранник Божий и предназначен приносить плоды.
Деян. 1:8	Я свидетель Христа, обладающий силой Духа Святого.
1 Кор. 3:16	Я храм Божий.
2 Кор. 5:17–21	Я посланник Бога, давшего мне служение примирения.
2 Кор 6:1	Я соработник Богу.
Еф. 2:6	Я посажен с Христом на небесах.
Еф. 2:10	Я Божье творение и создан на добрые дела.
Еф. 3:12	Я могу смело входить в Божье присутствие.
Фил. 4:13	Я все могу в укрепляющем меня Иисусе Христе.

Я — защищенный

Я не могу сказать о себе, что я виновен, незащищен, одинок или оставлен. Во Христе я полностью защищен. Бог обо мне сказал:

Рим. 8:1, 2	Я свободен от осуждения.
Рим. 8:28	Все содействует к моему благу.
Рим. 8:31–34	Я свободен от любых обвинений против меня.

Рим. 8:35–39	Ничто не может отлучить меня от любви Божьей.
2 Кор. 1:21, 22	Я помазан Богом и на мне печать Духа Его.
Фил. 1:6	Бог завершит доброе дело, начатое во мне.
Фил. 3:20	Я гражданин Небес.
Кол. 3:3	Я сокрыт со Христом в Боге.
2 Тим. 1:7	Я имею дух не боязни, но силы, любви и целомудрия.
Евр. 4:16	Я получу милость и благодать для благовременной помощи.
1 Ин. 5:18	Я рожден от Бога, и лукавый не может прикоснуться ко мне.

Я — принятый

Я не могу сказать о себе, что я отвержен, нелюбим, грязен или унижен. Во Христе я полностью принят и прощен. Бог обо мне сказал:

Ин. 1:12	Я дитя Божье.
Ин. 15:15	Я друг Христа.
Рим. 5:1	Я оправдан.
1 Кор. 6:17	Я соединен с Господом и един духом с Ним.
1 Кор. 6:19, 20	Я куплен дорогой ценой и принадлежу Богу.
1 Кор. 12:27	Я член Тела Христова.
Еф. 1:1	Я свят во Христе.
Еф. 1:5	Я усыновлен Богом.
Еф. 2:18	Я имею прямой доступ к Богу через Иисуса Христа и Духа Святого.
Кол. 1:14	Я искуплен, и грехи мои прощены.
Кол. 2:10	Я имею полноту во Христе.

ЗАНЯТИЕ 2. Кто я теперь?

ЗНАКОМСТВО

Представьте, что вы разговариваете с неверующим человеком. Как вы можете рассказать о своей вере в двух предложениях?

Или: Как вам преподнесли смысл Евангелия, перед тем как вы уверовали?

ПРОСЛАВЛЕНИЕ

Осознать силу Божьей любви и благоволения к нам.
Еф. 3:16–19; Соф. 3:17; 2 Кор. 3:18; Евр. 12:1–2; Пс. 102:8–17.

СЛОВО

Ключевой стих: Итак, кто во Христе, тот новая тварь; древнее прошло, теперь все новое (2 Кор. 5:17).

Ключевая истина: Решение следовать за Иисусом Христом было определяющим моментом вашей жизни и полностью изменило природу вашей личности.

Кто я теперь?

Когда-то мы «были по природе чадами гнева» (Еф. 2:3).

Тот момент, когда вы стали христианами, стал в вашей жизни определяющим. Тогда для вас изменилось все. Обратите внимание в каком времени написаны различные части следующих предложений:

● «Итак, кто во Христе, тот новая тварь; древнее прошло, теперь все новое» (2 Кор. 5:17).

Разве можно быть одновременно старым и новым?

● «Вы были некогда тьма, а теперь — свет в Господе...» (Еф. 5:8).

Разве можно быть одновременно тьмой и светом?

● «...избавившего нас от власти тьмы и введшего в Царство возлюбленного Сына Своего» (Кол. 1:13).

Разве можно находиться одновременно в обоих царствах?

Праведник — не грешник

«Христос умер за нас, когда мы были еще грешниками» (Рим. 5:8).

Если ваша глубинная сущность уже не грешник, то кто же вы теперь?

В Новом Завете слово «грешники» используется по отношению к неверующим (более 300 раз). А верующие, с другой стороны, называются «святыми» или «праведниками» (более 200 раз).

Даже только что уверовавший христианин — святой и праведный во Христе.

Мы праведные не из-за своих заслуг, а из-за своего положения и новой личности «во Христе».

Не просто прощенный грешник, но совершенно новый человек

Осознание того, что мы становимся новыми людьми, приводит к изменению нашего поведения

Если вы будете думать о себе, как о прощенном грешнике (но все-таки грешнике), то как вы, скорее всего, будете себя вести? Грешить! Чтобы изменить свое поведение вам нужно начать смотреть на себя по-другому, видеть себя более, чем только прощенным грешником.

Чтобы вернуть к жизни мертвеца, нужно сделать две вещи:

1. Найти средство от болезни, вызвавшей смерть (в нашем случае болезнь — это грех).

2. Дать человеку жизнь.

Знание только половины истины — что Христос умер, чтобы разрешить проблему греха — приводит к тому, что мы видим себя только как

прощенных грешников.

Полная же истина заключается в том, что Христос также вернул нам утраченную Адамом жизнь, которая делает нас праведными. Осознание этого исключительно важно, если мы хотим вести жизнь, угодную Богу.

Непонимание того, что вы теперь новый человек, приводит к поражению

Сатана ничего не может поделать с тем фактом, что вы теперь новый человек, но он может заставить вас поверить лжи о том, кто вы есть, тем самым калеча вашу духовную жизнь.

Вы спасены не тем, как вы себя **ведете**, а тем, во что вы **верите**.

Новый человек, угодный Богу

Что происходит, если мы поступаем плохо?

Нам трудно начать видеть себя праведниками, а не грешниками по той простой причине, что мы с болью понимаем, что все-таки иногда грешим.

Иногда мы все-еще поступаем неверно

«Если говорим, что не имеем греха, — обманываем самих себя, и истины нет в нас» (1 Ин. 1:8).

Вы не грешники в руках гневливого бога. Вы праведники в руках любящего Бога.

Мы не потеряем отношений с Отцом Небесным, если согрешим

«Дети мои! сие пишу вам, чтобы вы не согрешали; а если бы кто согрешил, то мы имеем ходатая пред Отцем, Иисуса Христа, праведника» (1 Ин. 2:1).

Мы восстанавливаем гармонию отношений, когда поворачиваемся лицом к Богу и спиной ко греху

Гармоничные отношения между творением и Творцом основываются на доверии и послушании. Отсутствие одного или другого условия неизбежно влияет на качество отношений.

Бог нас не осуждает

«Итак нет ныне никакого осуждения тем, которые во Христе Иисусе живут не по плоти, но по духу» (Рим. 8:1). Бог — не грозящий пальцем суровый инспектор. Нам не нужно пытаться заслужить свое место в Его хорошем списке. Мы уже в Его хорошем списке благодаря тому, что совершил для нас Христос.

Осознание того, что, согрешив, мы можем с покаянием прийти прямо к Богу, зная, что уже прощены, — ключ к духовной зрелости.

ПАУЗА ДЛЯ РАЗМЫШЛЕНИЯ 2

Представьте, что вы поддались на искушение и сделали что-то дурное. Как должен христианин повести себя в такой ситуации?

Если, поступив плохо, вы чувствуете осуждение, что вы можете сделать? (Прочитайте Рим. 8:1; Евр. 10:16–22; 1 Ин. 1:8–2:2).

Нам не нужно пытаться стать теми, кем мы уже являемся

Что я могу сделать, чтобы быть принятым Богом? Абсолютно ничего! Вы уже полностью приняты Богом благодаря тому, что сделал для нас Христос.

Не то, что мы **делаем** определяет, кто мы **есть**. Кто мы **есть** определяет то, что мы **делаем**.

Нам не нужно **вести себя**, как христиане. Нам нужно **быть** теми, кем мы теперь является — детьми Бога.

Учение христианства не о том, как постепенно становиться другим человеком. Оно о том, что в тот самый момент, как вы приняли Христа, вы стали другим человеком.

 СВИДЕТЕЛЬСТВО

Если ваш сосед попросил бы вас объяснить разницу между христианином и нехристианином, как бы вы это сделали? Как вы думаете, когда человек становится христианином, приобретает он что-то лучшее в жизни? Что бы вы ответили тому, кто вас спросит: «Почему мне нужно стать христианином?»

 НА СЛЕДУЮЩЕЙ НЕДЕЛЕ

Каждый день прочитывайте вслух утверждения из списка «Мой Бог Отец». Затем, выберите одну истину, особенно относящуюся к вашей жизни, и посвятите немного времени чтению ее в контексте, прося Бога помочь понять ее во всей полноте.

Я отрекаюсь от лжи, что мой Бог Отец:	Я с радостью принимаю истину, что мой Бог Отец:
далекий и незаинтересованный;	близкий и вовлеченный в каждую деталь моей жизни (см. Пс. 138:1–18);
бесчувственный и равнодушный;	добрый и сострадательный (см. Пс. 102:8–14);
суровый и взыскательный;	принимающий меня и радующийся мне (см. Рим. 15:7; Соф. 3:17);
пассивный и холодный;	ласковый и заботливый (Ис. 40:11; Ос. 11:3, 4);
отсутствующий или слишком занятый;	всегда со мной и жаждущий быть со мной (см. Евр. 13:5; Иер. 31:20; Иез. 34:11–16);
нетерпимый, гневный и отвергающий;	терпеливый, милосердный и благоволящий ко мне (см. Исх. 34:6; 2 Пет. 3:9; Пс. 146:11);
злобный и жестокий;	любящий и оберегающий (см. Иер. 31:3; Ис. 42:3; Пс. 17:2);

Я отрекаюсь от лжи, что мой Бог Отец:	**Я с радостью принимаю истину, что мой Бог Отец:**
отнимающий все радости в жизни;	дающий полноту жизни, и воля Его благая и совершенная (см. Плач. 3:22, 23; Ин. 10:10; Рим. 12:1, 2);
контролирующий или манипулирующий;	дающий милость, благодать и свободу совершать ошибки (Евр. 4:15, 16; Лк. 15:11–16);
осуждающий или непрощающий;	милосердный и прощающий, всегда готовый принять меня обратно (см. Пс.129:1–4; Лк. 15:17–24);
придирчивый перфекционист;	помогающий мне духовно расти и учащий меня праведности, содействуя все ко благу (см. Рим. 8:28, 29; Евр. 12:5–11; 2 Кор. 7:14).

Я зеница Его ока!
(Втор. 32:9–10)

ЗАНЯТИЕ 3. Выбираю верить истине

ЗНАКОМСТВО

Есть ли среди вас те, кто недавно получил явный ответ на молитву? Расскажите, пожалуйста, об этом.

Как вам кажется, у кого больше веры, у атеиста или у христианина? У индуса или мусульманина? А как насчет тех, кто говорит, что «просто не знает»?

ПРОСЛАВЛЕНИЕ

Замечательный характер нашего Бога Отца (см. утверждения «Мой Бог Отец» из прошлого занятия).

СЛОВО

Ключевой стих: А без веры угодить Богу невозможно; ибо надобно, чтобы приходящий к Богу веровал, что Он есть, и ищущим Его воздает (Евр. 11:6).

Ключевая истина: Бог — сама Истина. Если вы хотите, чтобы ваша жизнь кардинально изменилась, узнайте то, что Бог назвал истиной, и примите решение верить этому, независимо от того, чувствуете вы так или нет.

Живая вера — ключ к успеху в христианской жизни

Вера — фундаментальный вопрос христианской жизни

Вера — критический или решающий вопрос для каждого из нас. Мы спасены верой. В Библии нам постоянно напоминается, что мы «ходим верой». Глубокая, живая вера — ключ к успеху в христианской жизни.

Вера в Бога — это вера в то, что уже есть истина

Если вы хотите, чтобы ваша жизнь кардинально изменилась, узнайте то, что Бог называет истиной, и примите решение этому верить, независимо от того, чувствуете вы так или нет.

Будет ли вера действенной, зависит от того, во что или в кого мы верим

Вера есть в жизни каждого человека

Вопрос не в том, **верим** ли мы. Человек не может жить без веры.

Любое наше решение или действие демонстрирует веру во **что-то** или **кого-то**. Точка зрения, что человек это не более, чем животное, только на его высшей ступени развития — это тоже вера, как и любая другая религиозная вера.

Отличие христианской веры от нехристианской — только в объекте веры

Будет ли вера эффективной и действенной зависит от объекта нашей веры. Вопрос не в том, **верим** ли мы вообще, а в том, **в кого** или **во что** мы верим.

Достаточно веры с горчичное зерно даже, чтобы передвинуть гору (Мф. 17:20), поскольку не наша вера движет гору, а Тот, в кого мы вкладываем свою веру.

Иисус Христос — единственно надежный объект веры

Иисус — единственный объект веры, который никогда не подведет, так как Он «вчера и сегодня и во веки Тот же» (Евр. 13:8).

Пауза для размышления 1

Как вы думаете, у кого больше веры, у атеиста или христианина? У индуса или мусульманина? А как насчет тех, кто «просто не знает»?

Расскажите группе случай, когда вы доверились Богу и сделали то, к чему Он вас побуждал. Чем это закончилось?

Один мальчик сказал, что «вера — это старание поверить в то, что, мы считаем неправдой». Что вы скажете насчет такой мысли: «вера — это решение верить в то, что уже есть правда»?

Каждый человек может расти в вере

Сила веры зависит от глубины познания Того, в кого мы верим

Вера — это решение верить тому, что Бог называет истиной, и следование этому в жизни.

«Долго ли вам хромать на оба колена? если Господь есть Бог, то последуйте Ему; а если Ваал, то ему последуйте» (3 Цар. 18:21).

Вы будете узнавать Бога все лучше, и ваша вера будет расти, когда вы начнете предпринимать действия в соответствии с тем, что говорит Бог, и убедитесь, что это действует. Начните прямо сейчас.

Не **эмоции** ведут к хорошим поступкам. **Поступки** ведут к хорошим эмоциям. Поверьте истине, поступайте по этой вере, и ваши **эмоции** и чувства изменятся.

Истина

⬇

Вера в нее

⬇

Поступки

⬇

Чувства

Вера растет в трудные времена

Большинство из нас вспомнит ситуацию, когда Бог не сделал того, о чем мы Его просили. Иногда нужно просто признать, что наше мышление и понимание Бога слишком ограничено, чтобы понять, молимся ли мы в соответствии с Его волей и Его характером. Бесполезно просить Бога сделать что-то неправедное или то, что противоречит Его совершенной воле.

Чтобы помочь нашей вере расти, Бог часто ставит нас в ситуации, когда мы стоим перед выбором — кому довериться: Ему или чему-то еще?

Роль Бога — **быть** Истиной и открыть нам

то, что есть истина. Наша задача — **довериться** Богу, **поверить** истине и жить в соответствии с этой верой.

Вера должна вести к действиям

Иак. 2:17–18: «Вера, если не имеет дел, мертва сама по себе. Но скажет кто-нибудь: "ты имеешь веру, а я имею дела": покажи мне веру твою без дел твоих, а я покажу тебе веру мою из дел моих».

Люди не всегда живут в соответствии с тем, во что они верят на словах. Но они всегда живут в соответствии с тем, во что они верят на деле.

Мы можем говорить все, что угодно, но именно наши действия показывают то, во что мы верим. Если вы хотите понять, во что вы верите, посмотрите на свои поступки.

 СВИДЕТЕЛЬСТВО

Подумайте о ком-нибудь из ваших знакомых нехристиан. Что сказано в Библии о причине того, почему они еще не пришли к вере? (См. 2 Кор. 4:3–4; Рим. 10:14–15). Напишите молитву, в которой вы просите Бога разобраться с тем, что мешает им поверить. Затем доверьтесь Ему и молитесь!

 НА СЛЕДУЮЩЕЙ НЕДЕЛЕ

Каждый день старайтесь читать вслух «Двадцать "Могу" успеха». Выберите одну из истин, имеющую отношение к вашей жизни, и примите решение ей верить, независимо от обстоятельств или того, что вы чувствуете. Будет еще лучше, если вы найдете способ сделать что-то конкретное в соответствии с верой в эту истину.

1. Почему я должен сказать, что не могу, если в Библии сказано, что я все могу в укрепляющем меня Иисусе Христе (Фил. 4:13)?

2. Почему я должен нуждаться, если я знаю, что Бог восполнит всякую нужду мою, по богатству Своему в славе, Иисусом Христом (Фил. 4:19)?

3. Почему я должен бояться, если в Библии сказано, что Бог дал нам духа не боязни, но силы и любви и целомудрия (2 Тим. 1:7)?

4. Почему у меня должно быть недостаточно веры, чтобы осуществить свое призвание, если в Библии сказано, что Бог выделил мне меру веры (Рим. 12:3)?

5. Почему я должен быть слабым, если в Библии сказано, что Господь — крепость жизни моей, и что я буду становиться сильнее (Пс. 26:1; Дан. 11:32)?

6. Почему я должен дать сатане превосходство над своей жизнью, если в Библии сказано, что Тот, Кто во мне, больше того, кто в мире (1 Ин. 4:4)?

7. Почему я должен признать поражение, если в Библии сказано, что Бог всегда дает нам торжествовать во Христе (2 Кор. 2:14)?

8. Почему мне должно не хватать мудрости, если Христос сделался для меня премудростью от Бога, и когда я попрошу, Бог щедро даст ее мне (1 Кор. 1:30; Иак. 1:5)?

9. Почему я должен быть в депрессии, если я знаю, что Бог милосердный и верный, и поэтому всегда могу иметь надежду (Плач Иер. 3:21–23)?

10. Почему я должен беспокоиться и тревожиться, если в Библии сказано, что я могу все заботы мои возложить на Бога, ибо Он печется обо мне (1 Пет. 5:7)?

11. Почему я должен быть в плену зависимости, если я знаю, что где Дух Господень, там свобода
(2 Кор.3:17; Гал. 5:1)?

12. Почему я должен чувствовать на себе осуждение, если в Библии сказано, что нет никакого осуждения тем, которые во Христе Иисусе
(Рим. 8:1)?

13. Почему я должен чувствовать себя одиноким, если Христос сказал, что Он со мной во все дни до скончания века, и никогда не оставит и не покинет меня (Мф. 28:20; Евр. 13:5)?

14. Почему я должен чувствовать себя проклятым или жертвой, если в Библии сказано, что Христос искупил меня от клятвы закона, чтобы я получил Духа Святого (Гал. 3:13, 14)?

15. Почему я должен быть недовольным жизнью, если я, как апостол Павел, могу научиться в любых обстоятельствах быть довольным тем, что у меня есть (Фил. 4:11)?

16. Почему я должен чувствовать себя бесполезным, если Христос стал для меня жертвою за грех, чтобы в Нем я сделался праведным пред Богом (2 Кор. 5:21)?

17. Почему у меня должна быть мания преследования, если я знаю, что никто не может быть против меня, когда за меня — Сам Бог (Рим. 8:31)?

18. Почему я должен быть в замешательстве, если Бог дает мне мир и знание через живущего во мне Духа Святого (1 Кор. 14:33; 1 Кор. 2:12)?

19. Почему я должен чувствовать себя неудачником, если я могу преодолеть все силою Христа (Рим. 8:37)?

20. Почему я должен беспокоиться о временных трудностях и горестях, если я могу укрепиться в мужестве, зная, что Иисус победил этот мир (Ин. 16:33)?

ЗАНЯТИЕ 4. Взгляд мира на истину

Часть II. Мир, плоть и дьявол

Каждый день мир, плоть и дьявол пытаются увести нас от истины. Понимание того, как они действуют, поможет нам твердо стоять на своих позициях.

ЗНАКОМСТВО

Если бы у вас была возможность посетить любую точку планеты, куда бы вы поехали?

Как вы думаете, отличалось бы ваше представление о мире и ваши убеждения от тех, какие у вас сейчас, если бы вы росли в совершенно другой среде и культуре?

ПРОСЛАВЛЕНИЕ

Уникальность Иисуса Христа. Ин. 14:6; Еф. 1:17–23; 1 Кор. 1:30; Фил. 2:5–11.

СЛОВО

Ключевой стих: И не сообразуйтесь с веком сим, но преобразуйтесь обновлением ума вашего, чтобы вам познавать, что есть воля Божия, благая, угодная и совершенная (Рим. 12:2).

Ключевая истина: Мир на протяжении нашей жизни сформировал в нас определенное представление о действительности и заставил поверить, что оно истинное. Однако, если это представление не согласуется с тем, что Бог называет истиной, то нам необходимо отказаться от него и привести свои убеждения в соответствие с тем, что есть истина на самом деле.

Что такое «Мир»?

«И вас, мертвых по преступлениям и грехам вашим, в которых вы некогда жили, по обычаю мира сего, по воле князя, господствующего в воздухе...» (Еф. 2:1, 2).

Мир — это общество или культура, в которой вы росли и живете.

Сатана зовется «князем мира сего» (Ин. 12:31). В значительной степени, он тот, кто дергает за веревочки из-за кулис, манипулируя миром.

Тактики мира

Первая тактика мира: обещание удовлетворить наши самые глубокие потребности

Каждый из нас создан с врожденными потребностями быть принятым, защищенным и значимым.

Если бы мы родились духовно живыми, то эти потребности были бы восполнены единением с Богом. Поскольку мы рождаемся духовно мертвыми, мы инстинктивно стараемся найти их удовлетворение в мире, который кормит нас ложными обещаниями (стр. 14).

1 Ин. 2:15–17 помогает нам понять, через какие три канала действует мир:

Похоть плоти

Чем больше мы уступаем соблазнам мира, тем больше в нашем мозгу формируется вредных стереотипов поведения, которые начинают действовать «по-умолчанию».

Похоть очей

Пытаясь нас привлечь, мир активно использует визуальный канал. Иисус сказал, что глаза — это «светильник для тела» (Мф. 6:22–23).

Гордость житейская

Мир искушает нас хвастаться своей жизнью, убеждая нас ложью, что только наши способности, достижения и то, чем мы владеем, делают нас значимыми.

ПАУЗА ДЛЯ РАЗМЫШЛЕНИЯ 1

Приведите примеры, когда вы поддались на лживые формулы, которыми нас кормит мир:

> **Деятельность + Достижения = Значимость**
> **Положение + Признание = Защищенность**
> **Внешность + Восхищение = Принятие**

Как вы думаете, перед чем вы особенно уязвимы: похотью плоти, похотью очей или гордостью житейской? (см. Ин. 2:15–17).

Вторая тактика мира: обманчивая картина реальности

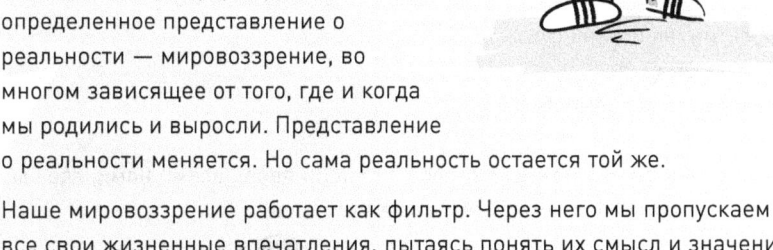

У каждого человека есть определенное мировоззрение

У каждого из нас формируется определенное представление о реальности — мировоззрение, во многом зависящее от того, где и когда мы родились и выросли. Представление о реальности меняется. Но сама реальность остается той же.

Наше мировоззрение работает как фильтр. Через него мы пропускаем все свои жизненные впечатления, пытаясь понять их смысл и значение. Этот процесс происходит автоматически, неосознанно. Однако если фильтр нашего мировоззрения неисправен, то все, что через него проходит, искажается и приводит к формированию ложной картины реальности.

Примеры различных мировоззрений:

1. Незападное мировоззрение: «Анимизм»

- Вера, что все в мире управляется мистической силой и различными духами.
- Для извлечения пользы нужен «эксперт» — шаман, умеющий управлять духами.

2. Западное мировоззрение или «Модернизм»

- Делит реальность на естественную и сверхъестественную, но принимает во внимание только первую.
- Смотрит на духовный мир как на не имеющий отношения к повседневной жизни.
- Реальность определяется только тем, что можно увидеть, услышать или потрогать.

3. «Постмодернизм»

- Объективной истины не существует.
- У каждого своя правда.
- Все истины равны и имеют право на существование.
- Если вы не соглашаетесь с моей «правдой» или с моим поведением, то вы отвергаете **меня**.

Библейское мировоззрение — истинное описание реальности

Объективная истина существует.
Бог есть Истина.
Вера и логика совместимы.

Рассмотрим самый важный вопрос, стоящий перед всеми нами, где бы мы ни жили: «Что с нами будет, когда мы умрем?»

- Индуизм учит реинкарнации — перевоплощению души человека в другую форму после смерти.
- Христианство учит, что души проводят вечность либо в раю, либо в аду.
- Атеисты считают, что никакой души нет, и со смертью наше существование заканчивается.
- Постмодернизм говорит, что вы можете верить чему хотите, если только это никому не вредит.

Повлияет ли то, чему вы верите о загробной жизни, на то, что произойдет с вами после смерти на самом деле? Или будут ли все люди испытывать одно и то же после смерти, независимо от того, какое у них было мировоззрение?

Логически рассуждая, реальность загробной жизни будет одна для всех, независимо от того, как мы себе это представляли.

Бог есть сама Истина. И Его истина верна всегда, везде и для всех, независимо от того, где и когда мы родились.

ПАУЗА ДЛЯ РАЗМЫШЛЕНИЯ 2

Как вы думаете, на вас оказало какое-либо влияние одно из небиблейских мировоззрений? Какое именно?

Как бы отличалось ваше мировоззрение, если бы вы росли в другой части света?

Когда мы хотим рассказать людям, что Иисус — единственный путь к Богу, как это сделать, чтобы не показаться высокомерным?

Третья тактика мира: смешение мировоззрений

У нас у всех есть укоренившаяся система убеждений — наше старое мировоззрение. После того, как мы становимся христианами, мы часто не отказываемся от них полностью, а только покрываем их новыми христианскими верованиями. Однако, житейские бури быстро сдувают это покрытие, и мы автоматически возвращаемся к своим старым представлениям.

«Христианская вера истинна, не потому что она работает; она работает, потому что истинна... Она не просто «истинна для нас»; она истинна для любого, кто ищет, чтобы найти, потому что истина есть истина, даже если никто ей не верит, а ложь есть ложь, даже если ей верят все» (Ос Гиннес).

ПАУЗА ДЛЯ РАЗМЫШЛЕНИЯ 3

Приведите примеры того, как христианин может смешивать свою веру с другими мировоззрениями. Замечаете ли вы склонность к этому в своей жизни?

Ос Гиннес сказал: «Христианская вера истинна не потому, что она работает; она работает потому, что истинна». По какому признаку вы можете судить о том, верно ли какое-либо мировоззрение?

Приняли ли вы решение избавиться от системы убеждений, которую в вас сформировал мир и полностью принять библейское мировоззрение? Что можно сделать, чтобы устоять на христианских принципах, живя в культуре, их отрицающей?

 СВИДЕТЕЛЬСТВО

Каким образом понимание того факта, что у каждого из нас формируется определенное представление о реальности, может помочь вам в разговорах с нехристианами? Что вы скажете тем, кто придерживается постмодернистского мировоззрения, утверждающего, что плохо иметь сильные убеждения?

 НА СЛЕДУЮЩЕЙ НЕДЕЛЕ

Попросите Духа Святого открыть вам, какие ложные представления о реальности сформировались в вашем сознании как результат того, что вы росли с небиблейским мировоззрением.

ЗАНЯТИЕ 5. Наш каждодневный выбор

ЗНАКОМСТВО

Чем бы вы стали заниматься, если бы точно знали, что добьетесь успеха?

ПРОСЛАВЛЕНИЕ

Славить Бога за то, кто Он есть.
Евр. 13:15; Откр. 19:5; Пс. 98:9; 1 Пар. 29:1–3.

СЛОВО

Ключевой стих: Но вы не по плоти живете, а по духу, если только Дух Божий живет в вас. Если же кто Духа Христова не имеет, тот и не Его (Рим. 8:9).

Ключевая истина: Несмотря на то, что во Христе вы теперь человек с новой природой и можете следовать тому, что вам говорит Дух Святой, послушание Ему не происходит автоматически само собой.

Что с нами произошло, когда мы стали христианами?

- Мы обрели новое сердце и новый дух.
- Мы обрели новую жизнь «во Христе».
- Мы подчиняемся новой власти (Кол. 1:3).

Чего с нами не произошло?

Наше тело не изменилось.

Наша плоть осталась той же.

Плоть — «инстинктивное стремление делать то, что кажется естественным для падшего человека».

Она порождает мысли, враждебные Богу, которые становятся стереотипом мышления «по умолчанию», а, следовательно, и поведения.

Нам необходимо приучить себя мыслить в соответствии с Божьей истиной, а не по плоти. В Библии этот процесс называется «обновление ума» (Рим. 12:2).

Грех еще живой.

Грех жив, но мы для греха мертвы (Рим. 6:11).

«Закон греха» все еще действует. Чем мы можем его преодолеть? Высшим, более сильным законом! «Потому что закон духа жизни во Христе Иисусе освободил меня от закона греха и смерти» (Рим. 8:2).

Наш выбор

- Мы теперь свободны перестать мыслить и действовать так, как нас приучила плоть. Тем не менее, мы можем **делать выбор** продолжать ее слушать.

- У греха больше нет власти над нами. Тем не менее, мы можем **делать выбор** поддаться ему.

Ничто не может изменить любовь Бога к нам и то, кем мы теперь являемся. Однако отразится ли это новое положение во Христе на нашей каждодневной жизни, зависит только от нашего собственного выбора: будем ли мы верить и поступать по тому, что Бог называет истиной, или нет?

Три различных типа человека:

«Душевный» или «падший» человек (без Духа Святого) (1 Кор. 2:14; Еф. 2:1–3)

Этот термин относится к человеку, каким он был до того, как стал христианином. Это человек:

- живой физически, но мертвый духовно;

- отделен от Бога;

- живет независимо от Бога;

- живет по плоти; все помышления и поступки диктуются плотью (Гал. 5:19–21);

- не имеет духовной основы противостоять жизненным трудностям.

«Духовный человек» (1 Кор. 2:15)

Человек, пришедший к вере в Иисуса Христа:

- возрожденный, с обновленной природой;

- его дух соединен с Духом Бога;

- он получил: прощение, принятие в семью Бога, значимость во Христе;

- следует побуждениям Духа Божьего, а не плоти;

- обновляет разум (избавляется от ложных стереотипов мышления и заменяет их на истинные);

- в его душе царит мир, и эмоции отличаются радостью, а не смятением;

- живет по Духу, и поэтому в его жизни видны плоды Духа Святого (Гал. 5:22, 23);

- все еще имеет свою плоть, но ежедневно ее распинает, так как понимает истину, что он теперь мертв для греха (Рим. 6:11–14).

«Плотский человек» (1 Кор. 3:3)

«Плотский человек» — это христианин, которому была дана жизнь и Дух Святой, как и «духовному» человеку, но вместо того, чтобы начать следовать побуждениям Духа, он продолжает исполнять желания плоти.

Жизнь «плотского» христианина больше напоминает жизнь «душевного» человека (нехристианина), а не «духовного»:

- ум полон неверных мыслей;

- в сердце преобладают негативные эмоции;

- в теле видны следы стресса;

- ведет образ жизни, несоответствующий своему новому положению во Христе, вследствие чего страдает от комплекса неполноценности и подвержен чувствам незащищенности, неадекватности, вины, тревоги и сомнения.

Под вопросом не его спасение, а качество и плодотворность его христианской жизни.

ПАУЗА ДЛЯ РАЗМЫШЛЕНИЯ 1

IИз вашего опыта, легко ли христианину вести себя не по-христиански? Можете привести пример, когда вы сами так поступили?

Почему многие христиане подвержены чувству неполноценности, незащищенности, неадекватности, вины, беспокойства и сомнения?

Как мы, христиане, можем подняться над «законом греха» и преодолеть склонность к греховному, эгоистичному поведению?

Все зависит от нас!

«Как от Божественной силы Его даровано нам все потребное для жизни и благочестия, через познание Призвавшего нас славою и благостию» (2 Пет. 1:3).

У нас уже есть все «духовные благословения» (Еф. 1:3).

Что еще должен сделать Бог, чтобы мы были свободны во Христе и чтобы это отразилось на нашей жизни? Или что должен сделать кто-то другой?

Препятствия к духовному росту

Незнание.

Обман (Кол. 2:6–7).

Типичные примеры обмана:
- «У других может это и получится, но только не у меня».
- «Моя вера никогда не сможет стать такой, как у моего соседа».
- «Я совсем бесполезный для Бога».

Неразрешенный личный или духовный конфликт

Наличие неразрешенных внутренних конфликтов дает врагу средство укрепиться в нашем разуме, не давая продвигаться вперед в духовном развитии. Для разрешения этих конфликтов необходимо искреннее сердечное покаяние.

Процесс «Шаги к Свободе во Христе» — это инструмент, который позволит вам с помощью Духа Святого увидеть в своей жизни проблемы, требующие покаяния. Решение покаяться в том, что Господь вам покажет, отберет у врага средство влияния на вашу жизнь.

Теперь мы в состоянии делать свободный выбор жить по Духу

После того, как мы приняли решение верить истине независимо от того, что нам говорят чувства, а также разрешили личные и духовные конфликты, мы стали в состоянии делать свободный выбор каждый день. Мы можем либо подчиняться желаниям плоти, либо следовать побуждениям Духа Святого. Эти две реальности находятся в оппозиции друг к другу.

Мы теперь находимся в том положении, которое было у Адама и Евы до грехопадения — способны делать свободный выбор.

Жизнь в Духе — это не:

- Просто хорошее ощущение.

- Разрешение делать все, что захочу.

- Легализм (рабское подчинение правилам).

Жить в Духе значит:

- Быть по-настоящему свободными: «Где Дух Господень, там свобода» (2 Кор. 3:17).

- Быть ведомыми: «Овцы Мои слушаются голоса Моего, и Я знаю их; и они идут за Мною» (Ин. 10:27).

- Двигаться в правильном направлении со скоростью, задаваемой Богом: «Придите ко Мне все труждающиеся и обремененные, и Я успокою вас; возьмите иго Мое на себя и научитесь от Меня, ибо Я кроток и смирен сердцем, и найдете покой душам вашим; ибо иго Мое благо, и бремя Мое легко» (Мф. 11:28–30).

Как мы можем понять, что живем в Духе Святом?

Точно так же, как вы можете определить тип дерева по его плоду, вы поймете, живете ли вы в Духе, по плодам вашей жизни (Гал. 5: 22–23).

Жизнь в Духе это ежедневная, ежечасная работа. В каждой ситуации вы принимаете решение жить либо по Его побуждениям, либо по желаниям плоти.

ПАУЗА ДЛЯ РАЗМЫШЛЕНИЯ 2

Прочитайте Послание апостола Павла к Галатам 3:3.

Приведите примеры из собственной жизни, когда, уже будучи христианином, вы пытались жить по правилам, надеясь исключительно на себя.

Как вы думаете, почему недостаточно рассчитывать только на свои силы, чтобы жить праведно?

Как научиться слышать и распознавать голос Духа Святого, чтобы быть ведомым Им?

СВИДЕТЕЛЬСТВО

Как бы вы объяснили нехристианину на понятном ему языке, что именно дает человеку исполнение Духом Святым?

НА СЛЕДУЮЩЕЙ НЕДЕЛЕ

Каждый день принимайте решение жить в Духе Святом и просите Его наполнять вас.

ЗАНЯТИЕ 6. Разрушение твердынь в разуме

ЗНАКОМСТВО

Вспомните самое плохое, когда-либо сказанное вам или о вас. Удалось ли вам это забыть, или оно до сир пор не дает вам покоя?

ПРОСЛАВЛЕНИЕ

Божья благодать. 1 Ин. 3:1; Еф. 1:6–8; Ин. 1:16.

СЛОВО

Ключевой стих: Оружия воинствования нашего не плотские, но сильные Богом на разрушение твердынь: ими ниспровергаем замыслы и всякое превозношение, восстающее против познания Божия, и пленяем всякое помышление в послушание Христу (2 Кор. 10:4–5).

Ключевая истина: В разуме каждого человека есть твердыни — ложные образы мышления, не соответствующие Божьей истине.

Что такое твердыни в разуме?

«Итак стойте в свободе, которую даровал нам Христос, и не подвергайтесь опять игу рабства» (Гал. 5:1).

Причиной того, что мы не в состоянии по-настоящему понять истину и стоять в свободе, часто является наличие твердынь в нашем разуме или отсутствие в нас покаяния.

Твердыни связаны с плотью.

Эд Сильвозо дает определение твердынь как «настрой ума, подчиненный унынию и безнадежности, который заставляет верующего принять как неизбежное то, что, как он знает, совершенно противоречит Божьей воле».

По словам Нила Андерсона: «Твердыни в разуме — привычные образы мышления, не соответствующие Слову Божьему».

Твердыни проявляют себя в нашей жизни по-разному: в темпераменте или поведении, мало похожих на христианские; в ситуациях, когда мы никак не можем сделать то, что должны, или наоборот, делаем то, чего не следует, и не можем остановиться. Они строятся на фундаменте глубоко укоренившейся лжи.

ПАУЗА ДЛЯ РАЗМЫШЛЕНИЯ 1

Прочитайте отрывок из послания апостола Павла к Римлянам (6:1–7). В нем говорится, что мы «умерли для греха» и больше можем не быть «рабами греху». Что вы чувствуете, когда попадаете в капкан плохой привычки, от которой никак не можете избавиться? Или когда не можете заставить себя сделать то, что, как вы знаете, было бы правильным?

В чем причина того, что некоторые христиане смиряются с мыслью, что никогда не смогут достичь полного потенциала в своей христианской жизни?

Попробуйте вспомнить ситуацию, когда вы сами или кто-то другой не могли забыть обидного слова, сказанного вам или о вас. Может быть оно до сих пор сидит занозой в вашем мозгу? Зная, что Бог хочет только самого лучшего для нас и никогда не поставит перед нами невыполнимой задачи, есть ли у нас надежда на перемены?

Окружающая среда

Падший мир, в котором мы живем, враждебен Богу. Однако в нем мы жили каждый день до того, как познали Христа. И он формировал наше восприятие жизни.

Травмирующие события прошлого

Примеры: смерть близкого, развод или насилие. Подобные события образуют твердыни вследствие своей сокрушительной силы. В нас могут сформироваться ошибочные убеждения, которые приводят к ложным чувствам.

Если наши **убеждения** не отражают истину, тогда наши **чувства** не отражают действительность.

Вы можете чувствовать, как будто вас отвергли, хотя на самом деле это не так. Вам может казаться, что перемены невозможны, но на самом деле это неправда.

Искушение

Твердыни образуются и укрепляются, когда мы снова и снова поддаемся соблазну. Каждое искушение — это попытка заставить нас жить независимо от Бога. В основе любого соблазна лежат наши законные потребности в значимости, защищенности и принятии. Вопрос в том, каким образом мы будем пытаться их удовлетворить: слушаясь мира, плоти и дьявола, или доверяясь обещанию Создателя, что Он «восполнит всякую нужду вашу, по богатству Своему в славе, Христом Иисусом» (Фил. 4:19)?

Практика «порогового мышления»

«Вас постигло искушение не иное, как человеческое; и верен Бог, Который не попустит вам быть искушаемыми сверх сил, но при искушении даст и облегчение, так чтобы вы могли перенести» (1 Кор. 10:13).

Бог дает нам выход из любого искушения. Где же он? В самом начале — у порога — когда соблазнительная мысль приходит в голову первый раз. Именно тогда мы «пленяем всякое помышление в послушание Христу» (2 Кор. 10:5).

Если вы поддались на искушение и никак не можете с ним справиться, чем может вам помочь понимание библейских истин?

Если в прошлом вы уступали соблазнам, как можно себя подготовить, чтобы в будущем с ними справляться?

Последствия наличия твердынь в разуме

Искаженное представление о действительности

«Но как небо выше земли, так пути Мои выше путей ваших, и мысли Мои выше мыслей ваших» (Ис. 55:9). «Надейся на Господа всем сердцем твоим, и не полагайся на разум твой. Во всех путях твоих познавай Его, и Он направит стези твои» (Прит. 3:5–6). Наличие твердынь в разуме влияет на наши чувства, что мешает нам видеть действительное положение вещей.

Неправильный выбор

Если мы будем все лучше узнавать Бога, то начнем все яснее понимать Его пути для нашей жизни и принимать правильные решения. Наш Творец в самом деле хочет для нас лучшего и только Он знает, какое оно, это лучшее.

Легко ли вам принять решение верить тому, что Бог называет истиной, даже если вы так не чувствуете?

Приведите пример, когда вы все-таки поверили Богу несмотря на свои чувства. Что из этого получилось?

Разрушение твердынь

Должны ли мы смириться с твердынями? Нет!

«Ибо мы, ходя во плоти, не по плоти воинствуем. Оружия воинствования нашего не плотские, но сильные Богом на разрушение твердынь: ими ниспровергаем замыслы и всякое превозношение, восстающее против познания Божия, и пленяем всякое помышление в послушание Христу» (2 Кор. 10:3–5).

«Проверка на вирусы»: когда вы разберетесь с твердынями, они перестанут быть опорой сатаны в вашем разуме, а станут не более чем просто привычками мышления и поведения.

Нам необходимо охранять свой разум, пленяя «всякое помышление в послушание Христу» (2 Кор. 10:5).

Полный ответ

Как христианам, нам приходится противостоять не только миру и плоти, но и дьяволу.

На следующем занятии мы рассмотрим роль дьявола в попытке повлиять на нашу жизнь. Избавиться от этого влияния возможно, но, как правило, этот вопрос плохо понимают и не обращают на него должного внимания.

СВИДЕТЕЛЬСТВО

Насколько легко вам говорить об Иисусе с теми, кто Его еще не знает? Как вы думаете, может быть причиной затруднения является наличие твердынь в вашем разуме? Попробуйте понять, какая ложь мешает вам, и замените ее правдой из Библии.

НА СЛЕДУЮЩЕЙ НЕДЕЛЕ

Внимательно прочитайте следующие отрывки из Слова Божьего, задумываясь над их истинами: 2 Кор. 10:3–5; Рим. 8:35–39; Фил. 4:12–13.

ЗАНЯТИЕ 7. Битва за наш разум

 ЗНАКОМСТВО

Вас когда-нибудь разыгрывали? А Вы над кем-нибудь шутили?

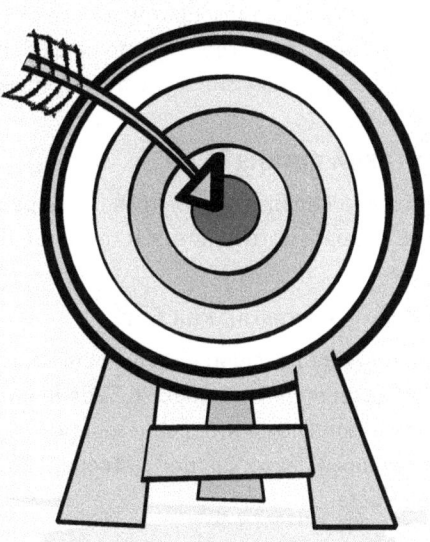

 ПРОСЛАВЛЕНИЕ

Власть Бога — наша власть. Кол. 2:15, 20; Лк. 10:19; Кол. 2:20; Мф. 28:18, 20; Еф. 6:11–18.

 СЛОВО

Ключевой стих: «Облекитесь во всеоружие Божие, чтобы вам можно было стать против козней диавольских» (Еф. 6:11).

Ключевая истина: В нашем разуме происходит духовная борьба. Если мы поймем, каким образом сатана действует, мы сможем не поддаваться на его обманы.

Духовная борьба реальна

Христос пришел разрушить дела дьявола (1 Ин. 3:8).

У тех из нас, кто вырос под влиянием западного (модернистского и постмодернистского) мировоззрения, есть склонность не верить в реальность духовного мира или, даже признавая его существование, жить так, как будто его нет.

Мы находимся в самом центре духовной битвы, хотим мы этого или нет. Апостол Павел ясно говорит, что наша борьба не против плоти и крови, но против духовных сил зла в поднебесных сферах (Еф. 6:12).

Кто такой сатана?

Адам и Ева передали свои права на управление миром сатане. Поэтому Иисус называет его «князем мира сего» (Ин. 12:31).

Сатана — не такой, как Бог

Мы привыкли разделять реальность на естественную и сверхъестественную, однако в Библии дается другое разделение — между «Творцом» и «творением» (см. Ин. 1:3). Дьявол такой, как мы — сотворенный, тогда как Бог — Творец. Их нельзя даже близко сравнивать.

Сатана может находиться в одно время только в *одном* месте

Из того факта, что сатана такое же сотворенное существо, как мы с вами, можно сделать вывод, что он может находиться только в одном месте в одно время. Лишь только Бог находится абсолютно везде в каждый момент времени.

Нельзя даже близко сравнивать власть и силу сатаны с властью и могуществом Бога

Христос на кресте полностью обезоружил сатану (Кол. 2:15). Иисус теперь «превыше всякого Начальства, и Власти» (Еф. 1:21).

Сатана не может все знать

Будучи сотворенным существом и не обладая качествами Бога, сатана не в состоянии читать ваши мысли. Это также подтверждается Библией: например, в Книге пророка Даниила рассказывается о колдунах, которые, используя демонические силы, были не в состоянии узнать сон царя Навуходоносора.

Каким образом действует сатана?

Через организованную сеть падших ангелов

Сатана действует с помощью «начальств, властей, мироправителей тьмы века сего, духов злобы поднебесных» (Еф. 6:12).

Вкладывая свои мысли в наш разум

«Дух же ясно говорит, что в последние времена отступят некоторые от веры, внимая духам обольстителям и учениям бесовским» (1 Тим. 4:1).

Три библейских примера, показывающих, как дьявол вложил мысли в головы людей:

- «И восстал сатана на Израиля, и возбудил Давида сделать счисление Израильтян» (1 Пар. 21:1);

- «И во время вечери, когда диавол уже вложил в сердце Иуде Симонову Искариоту предать Его» (Ин. 13:2);

- «Но Петр сказал: Анания! Для чего ты допустил сатане вложить в сердце твое мысль солгать Духу Святому и утаить из цены земли» (Деян. 5:3).

Сатана старается заставить мысль, которую он вкладывает в нас, звучать, как наша собственная: «Я неудачник. Я ужасно некрасивая».

Что вы узнали о сатане такого, что вас удивило?

Каким он вам теперь представляется — более сильным или более слабым, чем тот, каким он казался раньше?

Как вы относитесь к тому, что некоторые мысли в вашем мозгу возможно пришли от духа лжи, хотя они кажутся вам вашими собственными? Вспомните ситуацию, когда такое могло случиться? Как вы думаете, всегда ли подобные мысли совершенно лживые?

Используя искушение, обвинение и обман

Если я вас искушаю, вы это знаете. Если я вас обвиняю, вы это знаете. Но если я вас обманываю, то, по определению, вы этого не знаете. Обман — самая главная стратегия сатаны.

Проникая в нашу жизнь через лазейку, открываемую грехом

В Еф. 4:26–27 сказано, что если вы сразу не разберетесь с гневом, то дадите дьяволу «место» в вашей жизни или откроете ему «лазейку».

«А кого вы в чем прощаете, того и я; ибо и я, если в чем простил кого, простил для вас от лица Христова, чтобы не сделал нам ущерба сатана, ибо нам не безызвестны его умыслы. » (2 Кор. 2:10–11).

Именно грех непрощения открывает сатане не просто лазейку, а самую широкую дверь в нашу жизнь.

Отношения между христианами и демонами

Мы не говорим о том, что христиане могут быть одержимы демонами. В самой своей сущности наш дух соединен с Духом Божьим, и сатана не может забрать нас обратно. Мы «искуплены Кровию Христа». То есть не может быть и речи о «владении» нами кем-то другим. Мы говорим о том, что сатана может получить возможность влиять на наш разум и пытаться «нейтрализовать» нас как христиан или даже использовать в своих целях.

ПАУЗА ДЛЯ РАЗМЫШЛЕНИЯ 2

Прочитайте 2 Кор. 4:4. Как, по вашему мнению, сатана действует в жизни ваших друзей-нехристиан? Можете привести примеры? Что вы могли бы с этим сделать?

Прочитайте Кол. 4:2–3. Как конкретно мы должны молиться?

Наша защита

Понять свое положение во Христе

В Еф. 1:19–22 мы читаем, что Христос сидит по правую руку Бога, то есть на месте главной власти и могущества, «превыше всякого Начальства, и Власти, и Силы, и Господства» (выделено нами).

«И воскресил с Ним, и посадил на небесах во Христе Иисусе» (Еф. 2:6).

Вследствие завершенной миссии Спасителя, Церкви дана власть и сила продолжать Его дело. Наша власть — в исполнении воли Божьей, ни больше и ни меньше. Мы также имеем силу от Бога, когда наполняемся Духом Святым.

Использовать возможности, которые у нас есть во Христе

Хотя сатана уже побежден, он все еще «ходит, как рыкающий лев, ища, кого поглотить» (1 Пет. 5:8). Но нам даны силы противостоять ему.

Апостол Павел учит нас облечься во «всеоружие Божие» и твердо стоять на своих позициях (Еф. 6:11–20).

«Итак покоритесь Богу; противостаньте диаволу, и убежит от вас» (Иак. 4:7).

Выход из замкнутого круга грех — покаяние находится в том, что, покаявшись перед Богом, необходимо также противостоять дьяволу.

Не бояться

Демоны боятся христиан, осознающих власть и могущество, которое у них есть во Христе.

У нас нет никаких причин их бояться.

«Рожденный от Бога хранит себя, и лукавый не прикасается к нему» (1 Ин. 5:18).

Охранять свой разум

«Препоясав чресла ума вашего» (1 Пет. 1:3).

Если мы оставляем свой разум пассивным, то становимся уязвимыми для обмана. Бог дал нам разум и Он действует через него.

Включите свет

У сатаны нет над нами никакой власти, если только он не заставит нас поверить в обратное. Мы сами даем ему эту власть, когда перестаем верить истине.

Пролейте свет Божьей истины на обман дьявола, и вы разрушите его силу. «Не молю, чтобы Ты взял их из мира, но чтобы сохранил их от зла. Освяти их истиною Твоею; слово Твое есть истина» (Ин. 17:15–17).

Только отвергать негативные мысли недостаточно. Как христиане, мы не призваны рассеивать тьму. Нам поручено включить свет.

Не уделяйте слишком много внимания фальшивкам, а хорошо изучите подлинник. Заполните умы только хорошим:

«Не заботьтесь ни о чем, но всегда в молитве и прошении с благодарением открывайте свои желания пред Богом, и мир Божий, который превыше всякого ума, соблюдет сердца ваши и помышления ваши во Христе Иисусе. Наконец, братия мои, что только истинно, что честно, что справедливо, что чисто, что любезно, что достославно, что только добродетель и похвала, о том помышляйте» (Фил. 4:6–8).

ПАУЗА ДЛЯ РАЗМЫШЛЕНИЯ 3

Что означает «облачиться во всеоружие Божье» на практике?

На основе информации этого занятия и Иак. 4:7 что бы вы сделали, если бы, проснувшись ночью, почувствовали у себя в спальне пугающее демоническое присутствие?

СВИДЕТЕЛЬСТВО

Как, по вашему мнению, сатана действует в жизни ваших друзей-нехристиан? Чем вы можете им помочь?

НА СЛЕДУЮЩЕЙ НЕДЕЛЕ

Внимательно прочитайте следующие отрывки из Библии и в молитве поразмышляйте над содержащимися в них истинами: Мф. 28:18; Еф. 1:3–14; Еф. 2:6–10; Кол. 2:13–15.

ЗАНЯТИЕ 8. Управление эмоциями

Часть III. Освобождение от оков прошлого

Бог не изменяет наше прошлое, но Своей благодатью помогает освободиться от его болезненного влияния. В этой части курса мы рассмотрим,
как можно это сделать с Божьей помощью через глубокое осознание того,
что для нас совершил Христос. Кроме того, в эту часть входит выездное
практическое занятие «Шаги к
Свободе во Христе».

ЗНАКОМСТВО

Вы считаете себя
эмоциональным человеком?
Расскажите группе о событии,
вызвавшем у вас душевную боль
или радость.

ПРОСЛАВЛЕНИЕ

Предлагаемая тема: Бог сотворил нас весьма хорошо, и Он хорошо нас
знает! Псалом 138.

СЛОВО

Ключевой стих: : Все заботы ваши возложите на Него, ибо Он печется о
вас. Трезвитесь, бодрствуйте, потому что противник ваш диавол ходит, как
рыкающий лев, ища, кого поглотить (1 Пет. 5:7, 8).

Ключевая истина: Эмоции являются следствием наших мыслей и
барометром духовного здоровья.

Мы не в состоянии напрямую управлять своими чувствами

Взаимосвязь между внутренним и внешним человеком

Душа/дух была создана, чтобы функционировать совместно с телом; они взаимосвязаны и зависят друг от друга. Эту зависимость можно проследить в отношениях между разумом и мозгом.

Мозг функционирует, как оборудование или «железо» компьютера. Разум — как программное обеспечение. В Библии акцент делается на разуме человека: выбор истины, вера в истину, отказ от плохих мыслей и тому подобное.

Чем мы можем и не можем управлять

Мы не в состоянии напрямую управлять своими чувствами. Но, со временем, мы можем поменять свои эмоции, изменяя то, что находится в нашей власти: свои убеждения и поступки.

Наши чувства отражают наши истинные убеждения

Эмоции выполняют те же функции в душе, что и боль в теле.

Если наши **убеждения** не отражают истину, тогда и наши **чувства** не отражают действительность.

Не события вызывают эмоции, а наше **восприятие** этих событий.

Чем больше мы будем придерживаться истины и избирать верить тому, что Бог называет истиной, тем больше мы будем видеть обстоятельства своей жизни с точки зрения Бога, и тем меньше наши чувства будут выходить из-под контроля.

Как изменить свои чувства

Основной причиной стресса является то, что, на основе опыта прошлых неудач и поражений, мы приходим к убеждению, что ничего нельзя изменить — приобретаем чувство беспомощности и безнадежности.

Ни один христианин не обязан быть беспомощным или безнадежным. Душевное исцеление приходит с обновлением ума: осознанием правды о Боге и принятием решения верить тому, что Он называет истиной, даже если наши чувства говорят иначе.

ПАУЗА ДЛЯ РАЗМЫШЛЕНИЯ 1

Что вы думаете об утверждении, что «не сами обстоятельства определяют то, что мы чувствуем, а наше восприятие этих обстоятельств»?

Если вас часто подавляют негативные эмоции, как вы можете изменить свое состояние, основываясь на истинах Слова Божьего?

Если вы боретесь с плохими чувствами, почему бы вам не создать «духовную аптечку»? Соберите вместе несколько вещей, напоминающих вам об истине, и держите их под рукой: стих из Библии, телефон друга, цитату из книги, молитву или любимую песню прославления. Они вам помогут, когда на вас нахлынут эмоции и вы почувствуете себя уязвимыми. Составьте такой список ниже.

«МОЯ ДУХОВНАЯ АПТЕЧКА»

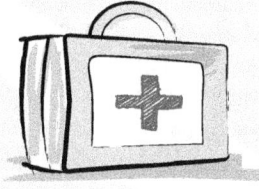

Следование эмоциям делает нас уязвимыми для духовных атак

Не **эмоции** ведут к хорошим поступкам. **Поступки** ведут к хорошим эмоциям.

Не пытайтесь изменить сами эмоции. Начните с того, что сделайте выбор верить истине, и это отразится на ваших поступках. Со временем изменятся и ваши чувства.

Истина ➡ Вера в нее ➡ Поступки ➡ Чувства

Не разобравшись правильно с такими эмоциями, как гнев (Еф. 4:26–27) и тревога (1 Пет. 5:7–9), мы можем принести в свою жизнь много бед.

Как научиться управлять эмоциями

Подавление эмоций

Если мы сознательно игнорируем свои эмоции или не хотим иметь с ними дело, то мы загоняем их внутрь или подавляем.

Взрыв эмоций

Выплескивание эмоций вредит окружающим нас людям (Иак. 1:19, 20).

Признание эмоций — честность по отношению к своим чувствам

Здоровая реакция на свои эмоции — честно признать, что вы чувствуете, сначала перед Богом, а затем перед другими людьми.

Пауза для размышления 2

Прочитайте Псалом 108:6–15. Вас удивляет, что подобное есть в Библии? Не она ли святое, вдохновенное, совершенное Слово Божие? Вы когда-нибудь испытывали такие же сильные чувства по отношению к кому-то? Как вы выразили свои эмоции? Почему так важно честно рассказать Богу, что вы чувствуете насчет обстоятельств своей жизни?

Существует ли что-то в вашей жизни, о чем Бог еще не знает?

К различным жизненным проблемам мы можем подходить с двух сторон: фокусируя свое внимание либо на истине, либо на чувствах. Если

мы примем решение верить в истину Слова Божьего, это отразится на нашем поведении и, в конечном счете, приведет к изменениям в чувствах. Но если мы начнем с чувств, то это приведет к совсем иному, плачевному результату. Ниже мы рассматриваем примеры трех ситуаций, с которыми каждый может столкнуться в жизни. Первая таблица показывает вероятный исход ситуации, если наш подход к ней будет со стороны истины. Вторая таблица — что может произойти, если мы будем действовать, исходя из своих чувств.

А. Когда я сталкиваюсь с реальной проблемой, я смотрю на нее либо как на возможность довериться Богу и расти, либо падаю духом.

Б. Когда мне кажется, что что мной пренебрегают, я могу либо верить в расположение ко мне Бога, либо расстраиваться и не знать, как вести себя с людьми.

В. Когда я нахожусь в сложном финансовом положении, я могу либо смотреть на него, как на возможность расти в вере и убедиться в верности Бога, либо прийти в смятение.

Подход со стороны истины («сверху вниз»)

	Истина	Вера	Поведение	Чувство
А	Бог никогда меня не оставит (Ис. 43:2, 3).	Бог не пошлет мне испытаний больше, чем я могу вынести, и я могу быть уверен, что Он мне поможет.	Позитивный подход к преодолению трудностей.	Уверенность, что Бог мне поможет.
Б	Если за меня Бог, кто может быть против меня? (Рим. 8:31).	Решаю доверить эти отношения Богу.	Не обращаю внимание на пренебрежение людей, а сам стараюсь поддерживать других.	Уверенность, что в случае необходимости, Бог всегда покажет мне Свое расположение.
В	Я искренне жертвовал в соответствии со своими возможностями, и Бог обещал обеспечить все мои нужды (Фил. 4:19).	Верю, что Бог так и сделает.	Попросив у Бога поддержку, я делаю все возможное, чтобы увеличить доход и понизить расход.	Душевный мир и уверенность в будущем.

Подход со стороны чувств («снизу вверх»)

	Чувства	Поведение	Вера	Мое представление о реальности
А	Слишком много проблем. Изможение. Не могу справиться. Депрессия.	Панически пытаюсь решить все проблемы, как будто вычерпываю воду из тонущей лодки.	Я беспомощен, и моя ситуация безнадежна.	Я вечный неудачник.
Б	Чувствую себя никому не нужным, отвергнутым.	Реагирую на малейший признак пренебрежения или закрываюсь от людей.	Меня невозможно полюбить и люди меня ненавидят.	Люди не хотят быть со мной. Я обижен, поэтому критикую их и становлюсь раздражительным ворчуном.
В	Переживаю насчет денег.	Пытаюсь добыть деньги или становлюсь скупым.	Могу надеяться только на себя, чтобы добыть деньги.	Мне не удается добыть деньги — злость. Мне удается добыть деньги — гордыня.

Исцеление душевных ран прошлого

Бог не хочет, чтобы душевная боль из-за событий прошлого отравляла нашу сегодняшнюю жизнь.

Мы остаемся рабами прошлого не из-за самой травмы, а из-за обмана, которому поверили в результате нее.

Дети Божьи не продукты своего прошлого. Они результат распятого и воскресшего Христа. Никто не может исправить того, что было, но мы можем быть свободными от его влияния. Мы можем пересмотреть наше прошлое с точки зрения того, кто мы теперь во Христе. С этой позиции истины мы в состоянии получить Божью свободу, если простим от всего сердца тех, кто причинил нам боль.

СВИДЕТЕЛЬСТВО

Было бы лучше, если бы нехристиане не замечали, что вы испытываете гнев, тревогу или угнетенность? Почему? Почему нет?

НА СЛЕДУЮЩЕЙ НЕДЕЛЕ

Поразмышляйте над эмоциональной жизнью апостола Петра. Во-первых, рассмотрите некоторые ситуации, когда он позволял своим чувствам брать верх и действовал или говорил сгоряча (Мф. 16:21–23; Мф. 17:1–5; Ин. 18:1–11). Во-вторых, обратите внимание на то, как Иисус смог сквозь эти эмоциональные всплески увидеть настоящий потенциал Своего ученика (Мф. 16:17–19). И как Петр, исполненный Духом Святым, смог так пламенно выступить перед многотысячной толпой, что больше трех тысяч человек присоединились к ранней церкви (Деян. 2:14-41). Ничто в вашем характере не может быть настолько трудным, чтобы Бог был не в состоянии сделать из этого что-то особенно хорошее!

ЗАНЯТИЕ 9. Прощение от всего сердца

ЗНАКОМСТВО

Прочитайте Мф. 18:21–25 или разыграйте сценку, используя сценарий на стр. 74 и 75. Поставьте себя на место одного из героев и скажите, что больше всего поражает вас в этой истории.

ПРОСЛАВЛЕНИЕ

Мы полностью прощены Богом. Евр. 4:16; Еф. 3:12; Пс. 129:1–5.

СЛОВО

Ключевой стих: И, разгневавшись, государь его отдал его истязателям, пока не отдаст ему всего долга. Так и Отец Мой Небесный поступит с вами, если не простит каждый из вас от сердца своего брату своему согрешений его (Мф. 18:34–35).

Ключевая истина: Чтобы испытать свободу во Христе, нам необходимо относиться к другим людям так же, как к нам относится Бог — с полным прощением и принятием.

Почему необходимо прощение?

«А кого вы в чем прощаете, того и я; ибо и я, если в чем простил кого, простил для вас от лица Христова, чтобы не сделал нам ущерба сатана, ибо нам не безызвестны его умыслы» (2 Кор. 2:10–11).

Ничто иное не держит вас в такой зависимости от вашего прошлого, как нежелание простить.

Ничто другое не дает сатане большую возможность остановить рост церкви, чем горечь, вызванная личным непрощением.

Бог велит прощать (Мф. 6:9–15)

Наши отношения с людьми должны строиться на той же основе, что и отношение Бога к нам.

Прощение дает свободу (Мф. 18:21–35)

Бог не хочет, чтобы Его дети отравлялись горечью и были прикованы к прошлому.

Величина нашего долга

Нам необходимо понять размер собственного долга перед Богом.

Те, кому прощено многое, любят много. Те, кому прощено мало, любят мало (см. Лк. 7:47). Нам всем простилось многое.

Перед лицом Бога «...вся праведность наша — как запачканная одежда...» (Ис. 64:6).

Мы неспособны вернуть долг

Долг в десять тысяч талантов был огромной суммой. Так же как и наш долг перед Богом, вернуть его был невозможно.

Требуется милосердие Бога

Правосудие	=	Воздать по заслугам.
Милосердие	=	Не дать людям то, что они заслуживают.
Благодать	=	Дать людям то, чего они не заслуживают.

Мы должны относиться к другим так же, как Бог относится к нам.

ПАУЗА ДЛЯ РАЗМЫШЛЕНИЯ 1

Людям иногда кажется, что их грехи не такие уж большие, ведь у других бывают и хуже. Что вы думаете по этому поводу?

Сколько вам прощено? Много или мало? Почему вы так считаете?

Прощение закрывает врагу доступ в нашу жизнь (2 Кор. 2:10–11)

Слово, которое Иисус использовал, говоря про «истязателей», в Новом Завете обычно относится к душевным мукам (напр. Мк. 5:7).

Не прощая, мы держим дверь открытой для влияния врага на нашу жизнь.

Что значит простить от всего сердца?

Христос предупреждает нас, что, если мы не простим от всего сердца, мы сами будем испытывать душевные муки.

Мы рекомендуем воспользоваться следующей молитвой: «**Господи, я делаю выбор простить** (имя человека) за (то, что он сделал или не сделал), **что заставило меня чувствовать** (вслух перечислите Богу каждое болезненное переживание, связанное с этим событием)».

Мы прощаем других (Еф. 4:31–32). Однако процесс прощения происходит между нами и Богом.

Мы прощаем, чтобы избавиться от боли

Мы прощаем ради самих себя. Нам кажется что, если мы простим, то позволим тому человеку «сорваться с крючка». Однако, не давая ему прощение, мы сами остаемся на крючке своей боли и своего прошлого.

ПАУЗА ДЛЯ РАЗМЫШЛЕНИЯ 2

Что нового для себя вы узнали из прослушанного материала?

Никто из нас не хочет бередить старые раны. Почему, по вашему мнению, для искреннего прощения все-таки необходимо это сделать? Если вы не согласны с подобным утверждением, то почему?

Проблема прощения стоит не между нами и обидчиком, а между нами и Богом. Почему мы не всегда это чувствуем?

Почему при непрощении не обидчик, а сама жертва продолжает чувствовать боль?

Что значит простить?

Простить не значит забыть

Мы не можем избавиться от боли, просто стараясь забыть случившееся. Однако мы можем сделать выбор не держаться за прошлое, никогда больше не напоминать о нем и не использовать его против другого человека. Нам нужно отпустить, а не забыть.

Не мириться с грехом

Совершенно правильно внутренне простить, но все-таки предпринять шаги для прекращения продолжающегося насилия, убрав себя из ситуации или передав дело в руки властей.

Отказаться от мести

Простить не значит закрыть глаза на случившееся. Это означает сделать шаг доверия и отдать свершение правосудия в руки Господа, который справедливый судья и потребует платы за нанесенные вам раны (см. Рим. 12:19).

Принять необходимость жить с последствиями чужого греха

Каждый из нас живет с последствиями чьего-то греха. Единственный выбор, который у нас есть — жить в рабстве горечи или в свободе прощения.

Простить — это отпустить пленника и затем понять, что, на самом деле, пленником были вы сами!

ПАУЗА ДЛЯ РАЗМЫШЛЕНИЯ 3

Как это занятие изменило ваш взгляд на прощение?

Когда в следующий раз кто-нибудь вас обидит, сможете ли вы простить его быстрее, чем раньше?

Если вы простите, получит ли ваш обидчик когда-нибудь по справедливости? Каким образом?

 СВИДЕТЕЛЬСТВО

Как может отнестись человек, не знающий Бога, к вопросу прощения? Как вы объясните ему проблему прощения?

 НА СЛЕДУЮЩЕЙ НЕДЕЛЕ

Попросите Духа Святого подготовить ваше сердце к прохождению «Шагов к Свободе во Христе», открывая вам, в каких сферах вашей жизни есть нерешенные проблемы.

Персонажи:	**Иисус, Петр, господин, первый слуга, второй слуга.**
Петр	Господи, сколько раз должен я прощать брата, если он передо мной провинится? Семь раз?»
Иисус	Нет, не семь, а семьдесят раз по семь. Вот с чем можно сравнить Царство Небесное. Представьте себе: некий царь решил потребовать у своих слуг отчета. Когда начались денежные расчеты, к нему привели одного человека, который был должен ему десять тысяч талантов серебра. Так как вернуть эти деньги он не мог, то господин приказал продать в рабство для уплаты долга и его самого, и его жену, и детей, и все имущество. Слуга, простершись перед ним ниц:
Первый слуга	Потерпи с моим долгом! Я все тебе верну!
Иисус	Господин сжалился над слугой, отпустил его и простил ему долг. Слуга, уйдя, встретил одного из своих собратьев, который был должен ему всего-навсего сто денариев. Он схватил его за горло и стал душить:
Первый слуга	Верни мне долг!

Иисус	Тот, упав на колени, молил его:
Второй слуга	Потерпи, я верну!
Иисус	Но он не согласился, а бросил его в тюрьму — до тех пор, пока не вернет долг. Другие слуги, увидев это, сильно огорчились, пошли и доложили обо всем, что произошло, своему господину. Тогда господин, призвав его, говорит:
Хозяин	Негодный раб! Ты просил меня, и я простил тебе весь твой долг. Разве не должен был и ты проявить милосердие к собрату, как я проявил к тебе?
Иисус	Разгневанный господин велел пытать его до тех пор, пока тот не отдаст весь свой долг. Так и Мой Небесный Отец поступит с вами, если не простите брата от всего сердца».

Обнаружение твердынь

Проходя через Шаг 3 (Прощение) процесса "Шаги к Свободе во Христе" Вам предлагается произнести следующую молитву за каждого человека, которого вам необходимо простить:

«Господи, я делаю выбор простить (имя человека) за (то, что он сделал или не сделал), что заставило меня чувствовать (вслух перечислите Богу каждое болезненное переживание, связанное с этим событием)».

На этой странице составьте список всего того, что вы сказали после слов «что заставило меня чувствовать». Это может помочь вам обнаружить ваши твердыни, над которыми вы тогда сможете работать. В Занятии 10 вас научат стратегии их разрушения.

ЗАНЯТИЕ 10. Жизнь в свободе каждый день

Часть IV. Возрастание в ученичестве

Обретя свободу во Христе, теперь мы призваны не только ее сохранить, но и укрепляться и развиваться в ней. В этой части курса мы научимся, как сохранить достигнутое, как строить отношения с другими и как продолжать становиться все более подобными Христу.

ЗНАКОМСТВО

Каково ваше впечатление от процесса «Шаги к свободе во Христе»?

ПРОСЛАВЛЕНИЕ

Свобода, дарованная Богом. Гал. 5:1; Пс. 118:45.

СЛОВО

Ключевой стих: Твердая же пища свойственна совершенным, у которых чувства навыком приучены к различению добра и зла (Евр. 5:14).

Ключевая истина: Успех нашего пребывания в свободе и возрастания в вере зависит от того, насколько эффективно мы будем обновлять свой разум и научимся отличать добро от зла.

Духовный рост

Естественным состоянием верующего человека должен быть непрерывный духовный рост. Но очень легко стать старым христианином, так и не достигнув духовной зрелости (см. 1 Кор. 3:1–3).

Разница между духовной свободой и духовной зрелостью

«Как от Божественной силы Его даровано нам все потребное для жизни и благочестия, через познание Призвавшего нас славою и благостию» (2 Пет. 1:3, также см. Еф. 1:3 и Кол. 2:9–10).

У нас уже есть **все необходимое**, чтобы духовно расти и стать зрелыми христианами, но это не происходит автоматически, само самой.

Есть большая разница между духовной свободой, которую можно приобрести в относительно короткое время, и духовной зрелостью, достижение которой является процессом всей жизни.

Духовная зрелость — это **процесс** духовного роста. *Свобода*, с другой стороны, — это **позиция**, которую мы занимаем благодаря победе Христа над грехом и сатаной. Мы либо свободны, либо все еще пленники в различных сферах своей жизни. Мы не растем к свободе, мы обретаем ее властью, данной нам Христом.

Свобода и зрелость неразрывно связаны. Если мы сначала не обретем свободу, то не сможем расти духовно и становиться зрелыми христианами.

Три ключа к духовной зрелости

Первый ключ — Принятие личной ответственности

Бог установил в мире определенный порядок и передал нам

ответственность за одни вещи, оставив Себе ответственность за другие. Он не будет делать за нас то, что мы должны сделать сами. Ни Бог, ни кто-то другой не может каяться, верить или прощать вместо нас.

Если вы хотите развиваться и духовно расти, ответственность за это лежит только на вас. Никто другой за вас этого сделать не может.

Как христианин может достичь внутреннего преобразования? «... Преобразуйтесь обновлением ума вашего...» (Рим. 12:2). На ком лежит за это ответственность? На вас самих!

Ключ к изменению себя и всей своей жизни — в ваших руках. Никто и ничто, кроме вас самих, не может помешать вам стать такими, какими создал вас Бог! Замечательная новость!

Сделать это способны только вы, но вы не можете это сделать в одиночку. Вам необходима поддержка и любовь других христиан, которые будут вдохновлять вас и напоминать об истине. Но, в конечном счете, каждый из нас несет личную ответственность за свои отношения с Богом.

ПАУЗА ДЛЯ РАЗМЫШЛЕНИЯ 1

Как вы думаете, что может сдерживать христиан, которым не удается расти в вере так, как им хотелось бы? Что вы думаете о своем духовном росте?

В 2 Пет. 1:3 говорится, что у нас уже есть все необходимое для полноценной христианской жизни (см. также Еф. 1:3 и Кол. 2:9–10). Почему нам иногда так не кажется?

Вы согласны с мыслью, что «Сделать это способны только вы, но вы не можете это сделать в одиночку»? В вопросах возрастания в вере и духовной зрелости, что относится к личной ответственности человека? Какую поддержку могут оказать вам другие христиане?

Второй ключ – Обновление разума

Теперь, когда мы разрешили свои личные и духовные конфликты (во время процесса «Шаги к Свободе во Христе»), нам будет намного легче «соединиться» с истиной, то есть по-настоящему ее понять и принять. Однако на нас все еще влияет наша плоть, и в нашем разуме все еще есть старые негативные стереотипы мышления, основанные на прошлом опыте и обмане, — так называемые твердыни. Однако у нас есть против них оружие (см. Кор. 10:4–5).

Создание «Разрушителя твердынь»

1. Раскройте обман, которому вы верили (любые убеждения или привычные мысли, не соответствующие тому, что Бог говорит о вас в Библии). Не обращайте внимания на свои ощущения, а всем сердцем примите решение верить Божьей истине.

2. Найдите и запишите как можно больше библейских стихов, подтверждающих эту истину.

3. Запишите, какое влияние эти ложные убеждения оказали на вашу жизнь.

4. Запишите молитву провозглашения, используя следующие слова:

Я отрекаюсь от лжи, что...

Я провозглашаю истину, что...

5. Читайте вслух библейские стихи и молитву провозглашения каждый день в течение 40 дней.

Примечание: Несколько вариантов «Разрушителя твердынь» показаны на стр. 83–85 (но лучше всего создать свой собственный вариант).

Пауза для размышления 2

УПРАЖНЕНИЕ ПО РАСКРЫТИЮ ЛЖИ: Посмотрите список типичных ложных представлений о себе, которым часто верят люди. Какие вы можете привести библейские стихи, показывающие, что для христианина это не может быть правдой?

ЛОЖЬ	ИСТИНА
Нелюбимый	
Оставленный	
Отверженный	
Неадекватный	
Безнадежный	
Глупый	
Некрасивый	

Удалось ли вам обнаружить обман, которому вы долгое время верили? Возможно, какие-то неверные убеждения стали очевидны для вас в процессе прохождения «Шагов». Это может быть повторяющаяся мысль, кажущаяся правдой, но которая, как вы теперь знаете, является ложью (например, «Я неудачник», «Я грязная», «Я уверен, что это может помочь другим, но никогда не сработает со мной»).

Запишите это убеждение, а также как оно повлияло на вашу жизнь. Постарайтесь вспомнить, по крайней мере, один или два стиха из Библии, опровергающие этот обман. Наконец, запишите провозглашения: «Я отрекаюсь от лжи, что...», «Я провозглашаю истину, что...». Читайте выбранные стихи и произносите провозглашения вслух каждый день в течение шести недель.

.

Третий ключ – Принятие долгосрочной перспективы

Обновление нашего ума требует времени и усилия. Это не решается за один день. Но вы можете быть уверены что, посвящая себя истине Слова Божьего каждый день, вы будете уничтожать твердыни одну за одной.

Учиться отличать добро от зла

«Твердая же пища свойственна совершенным, у которых чувства навыком приучены к различению добра и зла» (Евр. 5:14).

Глубоко усвоив истину, мы немедленно сможем распознать ложь.

Настроиться на марафонский забег

«Братия, я не почитаю себя достигшим; а только, забывая заднее и простираясь вперед, стремлюсь к цели, к почести вышнего звания Божия во Христе Иисусе» (Фил. 3:13, 14).

Нам нужно знать, куда мы бежим — к духовной зрелости, и устремляться вперед, настраиваясь на длительную работу.

Несколько практических советов

- Будьте подотчетны;
- работая над болезненными воспоминаниями, заручитесь поддержкой;
- повторите курс!

ПАУЗА ДЛЯ РАЗМЫШЛЕНИЯ 3

Запишите, какие практические шаги вы собираетесь предпринять для сохранения обретенной свободы и обновления своего разума.

СВИДЕТЕЛЬСТВО

Запишите две самые важные для вас вещи, которые вы узнали на этом курсе. Как вы можете объяснить их неверующему человеку?

НА СЛЕДУЮЩЕЙ НЕДЕЛЕ

Создайте «Разрушитель твердынь» для самой значительной лжи, которую вы открыли в своей жизни, и начинайте его использовать для ее уничтожения.

«Разрушитель твердынь» Пример 1:
Поиск утешения в пище, а не у Бога.

Ложь: постоянное поглощение пищи может дать мне утешение и поможет справиться со стрессом.

Влияние на мою жизнь: вредит моему здоровью; ведет к ожирению; открывает лазейку для врага; мешает движению к духовной зрелости.

«Что город разрушенный, без стен, то человек, не владеющий духом своим» (Прит. 25:28).

«Я говорю: поступайте по духу, и вы не будете исполнять вожделений плоти» (Гал. 5:16).

«Плод же духа: любовь, радость, мир, долготерпение, благость, милосердие, вера, кротость, воздержание...» (Гал. 5:22).

«Благословен Бог и Отец Господа нашего Иисуса Христа, Отец милосердия и Бог всякого утешения, утешающий нас во всякой скорби нашей, чтобы и мы могли утешать находящихся во всякой скорби тем утешением, которым Бог утешает нас самих!» (2 Кор. 1:3-4).

«Так благословлю Тебя в жизни моей; во имя Твое вознесу руки мои. Как туком и елеем насыщается душа моя, и радостным гласом восхваляют Тебя уста мои» (Пс. 62:4-5).

«Да будет же милость Твоя утешением моим, по слову Твоему к рабу Твоему» (Пс. 118:76).

Господь Иисус, я отрекаюсь от лжи, что постоянное поглощение пищи может дать мне утешение и поможет справиться со стрессом.

Я провозглашаю истину, что Ты источник всякого утешения. И мое единственное и настоящее утешение — это Твоя неизменная любовь.

Я обещаю, что теперь буду жить по духу, а не исполнять вожделений плоти. Когда мне будет нужно утешение, я обращусь не к еде, а к Тебе и получу лучшую пищу в мире. Наполни меня снова Своим Духом Святым и живи во мне, помогая укрепляться в самодисциплине и воздержании. Аминь.

Отмечайте дни:

1	2	3	4	5	6	7	8	9
10	11	12	13	14	15	16	17	18
19	20	21	22	23	24	25	26	27
28	29	30	31	32	33	34	35	36
37	38	39	40					

Ложь: я всеми оставлен, забыт, и никому до меня нет дела.

Влияние на мою жизнь: сторонюсь людей; замкнулся в себе; думаю, что меня никто не любит; живу в страхе.

«Будьте тверды и мужественны, не бойтесь, [не ужасайтесь] и не страшитесь их, ибо Господь, Бог твой, Сам пойдет с тобою [и] не отступит от тебя и не оставит тебя» (Втор. 31:6).

« И до старости вашей Я тот же буду, и до седины вашей Я же буду носить вас; Я создал и буду носить, поддерживать и охранять вас» (Ис. 46:4).

«Ибо только Я знаю намерения, какие имею о вас, говорит Господь, намерения во благо, а не на зло, чтобы дать вам будущность и надежду» (Иер. 29:11).

«Ибо я уверен, что ни смерть, ни жизнь, ни Ангелы, ни Начала, ни Силы, ни настоящее, ни будущее, ни высота, ни глубина, ни другая какая тварь не может отлучить нас от любви Божией во Христе Иисусе, Господе нашем» (Рим. 8:38–39).

Дорогой Отец Небесный, я отрекаюсь от лжи, что я оставлен, забыт, и никому до меня нет дела.

Я провозглашаю истину, что Ты меня любишь и никогда не оставишь, что намерения Твои — дать мне будущее и надежду, и ничто не может отлучить меня от Твоей любви.
Во имя Иисуса Христа. Аминь.

Отмечайте дни:

1	2	3	4	5	6	7	8	9
10	11	12	13	14	15	16	17	18
19	20	21	22	23	24	25	26	27
28	29	30	31	32	33	34	35	36
37	38	39	40					

Ложь: я не могу сопротивляться желанию посещать порносайты.

Влияние на мою жизнь: глубокое чувство стыда; извращенные сексуальные влечения; неспособность строить правильные отношения с людьми; разрушение семейной жизни.

«Так и вы почитайте себя мертвыми для греха, живыми же для Бога во Христе Иисусе, Господе нашем. Итак, да не царствует грех в смертном вашем теле, чтобы вам повиноваться ему в похотях его и не предавайте членов ваших греху в орудия неправды, но представьте себя Богу, как оживших из мертвых, и члены ваши Богу в орудия праведности. Грех не должен над вами господствовать, ибо вы не под законом, но под благодатью» (Рим. 6:11–14).

«Не знаете ли, что тела ваши суть храм живущего в вас Святаго Духа, Которого имеете вы от Бога, и вы не свои?» (1 Кор. 6:19).

«Вас постигло искушение не иное, как человеческое; и верен Бог, Который не попустит вам быть искушаемыми сверх сил, но при искушении даст и облегчение, так чтобы вы могли перенести» (1 Кор. 10–13).

«Я говорю: поступайте по духу, и вы не будете исполнять вожделений плоти» (Гал. 5:16).

«Плод же духа: любовь, радость, мир, долготерпение, благость, милосердие, вера, кротость, воздержание...» (Гал. 5:22).

Боже, я отрекаюсь от лжи, что я не в состоянии сопротивляться искушению посещать порносайты. Я провозглашаю истину, что, если я буду жить по духу, то не буду исполнять желания плоти, и во мне проявится плод Духа Святого, включая воздержание. Я считаю себя мертвым для греха и не позволяю ему править моим телом. Сегодня и каждый день я предоставляю себя Тебе как храм Духа Святого, чтобы жить праведно. Я провозглашаю, что у греха больше нет надо мной власти. Я выбираю полностью покориться Господу и противостать дьяволу, который должен сейчас же меня покинуть.

Отмечайте дни:

1	2	3	4	5	6	7	8	9
10	11	12	13	14	15	16	17	18
19	20	21	22	23	24	25	26	27
28	29	30	31	32	33	34	35	36
37	38	39	40					

ЗАНЯТИЕ 11. Построение отношений с людьми

ЗНАКОМСТВО

Из того, что вы узнали на этом курсе, что вас больше всего поразило?

ПРОСЛАВЛЕНИЕ

Славить Бога за тех людей, которых Он нам дал. 1 Ин. 3:16.

СЛОВО

Ключевой стих:

Иисус сказал ему: возлюби Господа Бога твоего всем сердцем твоим и всею душею твоею и всем разумением твоим: сия есть первая и наибольшая заповедь; вторая же подобная ей: возлюби ближнего твоего, как самого себя; на сих двух заповедях утверждается весь закон и пророки (Мф. 22:37–40).

Ключевая истина: Как христианам, нам нужно принять ответственность за собственный характер и стараться восполнять нужды других людей, а не наоборот.

Понять сущность благодати

Мы любим, потому что Он прежде возлюбил нас (1 Ин. 4:19).

Мы даем даром, потому что Он дал даром нам (Мф. 10: 8).

Мы милосердны, потому что Он милосерден к нам (Лк. 6:36).

Мы прощаем, потому что Он простил нам (Еф. 4:32).

Наши обязанности в отношениях с ближними

«Кто ты, осуждающий чужого раба? Перед своим Господом стоит он, или падает. И будет восставлен, ибо силен Бог восставить его» (Рим. 14:4).

«Ничего *не делайте* по любопрению или по тщеславию, но по смиренномудрию почитайте один другого высшим себя. Не о себе *только* каждый заботься, но каждый и о других. Ибо в вас должны быть те же чувствования, какие и во Христе Иисусе...» (Фил. 2:3–5).

В наши обязанности в отношениях с ближними входят: ответственность за свой собственный **характер** и восполнение **нужд** других.

Видеть собственные грехи

Когда мы приближаемся к Богу, то начинаем видеть не грехи других людей, а свои собственные. Однако, когда наши отношения с Богом чуть теплые, мы больше замечаем грехи других, чем свои.

Фокусировать внимание на своих обязанностях, а не на не правах

Отношения между людьми предполагают наличие прав и обязанностей разных сторон. На чем мы должны фокусировать свое внимание, на правах или обязанностях?

Есть у мужей право ожидать от жен подчинения? Или на них лежит обязанность любить их так, как Христос любит Церковь?

Есть у жен право ожидать от супругов проявлений любви? Или им дана обязанность самим любить и уважать своих мужей, которые, в свою очередь, несут ответственность за духовное развитие семьи?

Имеют родители право ожидать от своих детей послушания? Или они должны наставлять их в Слове Божьем и исправлять, если они ошибаются?

Имеете вы право критиковать других христиан своей церкви? Или у вас есть обязанность следовать руководству тех, кто поставлен над вами, и в отношениях с окружающими проявлять такую же любовь, какую Христос показал вам?

Если мы ставим свои права выше обязанностей, то сеем семена разрушения в отношениях с ближними.

Нам намного будет радостнее жить, если, вместо того, чтобы постоянно обращать внимание на недостатки и промахи других людей и чувствовать себя обиженными, мы примем решение замечать и ценить в них хорошее.

ПАУЗА ДЛЯ РАЗМЫШЛЕНИЯ 1

Как бы вы определили свою обязанность по отношению к людям?

Как вы думаете, почему мы все склонны судить других и удовлетворять собственные нужды?

Если вы осознаете, что стали критиковать окружающих, не замечая собственные недостатки, в чем может быть причина? И как вы можете это исправить?

Что делать, если мы видим недостатки или ошибки других людей?

Любому человеку трудно признаться в собственных ошибках.

Играть роль Духа Святого в жизни другого человека ни к чему хорошему не приведет.

Исправлению — да, осуждению — нет

«Не судите, да не судимы будете, ибо каким судом судите, *таким* будете судимы; и какою мерою мерите, *такою* и вам будут мерить» (Мф. 7:1).

«Братия! если и впадет человек в какое согрешение, вы, духовные, *исправляйте* такового в духе кротости, наблюдая каждый за собою, чтобы не быть искушенным» (Гал. 6:1).

Нам велено не судить, но, в то же время, исправлять того, кто согрешил.

Осуждение всегда относится **к характеру**, тогда как *исправление* — **к поведению.**

Называя кого-то «лжецом», «глупым», «неуклюжим», «гордым» или «злым», вы нападаете на **характер** человека, на его личность и заставляете его чувствовать, что ничего нельзя изменить.

Указывая человеку на неправильный поступок, вы даете ему возможность его исправить: «Да, я сказал неправду. Прости, пожалуйста!»

Наказание и исправление — не одно и то же

Наказание «глаз за глаз» направлено в прошлое.

Исправление (Божье наказание) направлено в будущее.

Божье наказание — исправление — это доказательство Его любви и делается для нашей пользы, чтобы мы получили «мирный плод праведности» (Евр. 12:11).

Цель Божьего исправления — не наказать человека, а помочь ему становиться подобным Христу.

Когда на нас нападают

«Будучи злословим, Он не злословил взаимно; страдая, не угрожал, но предавал то Судии Праведному» (1 Пет. 2:23).

Если мы неправы, то мы беззащитны. Если мы правы, то защита нам не нужна. Наша защита — Христос.

Власть или принятие?

Когда Господь вошел в вашу жизнь, как это произошло? Пришел Он с позиции власти или с позиции принятия? Сверху вниз или снизу вверх?

Власть

Ответственность

Признание

Принятие

«...Христос умер за нас, когда мы были еще грешниками» (Рим. 5:8). Первым идет принятие. После этого — признание, заверение в любви Бога к нам: « ...Дух свидетельствует духу нашему, что мы — дети Божии» (Рим. 8:16).

Если власть предержащие возлагают на своих работников определенную ответственность, но в то же время пренебрегают ими, то они никогда не добьются от них хорошей отдачи.

ПАУЗА ДЛЯ РАЗМЫШЛЕНИЯ 2

Почему пытаться быть чужой совестью (указывать человеку на его ошибки и недостатки) немудро? К чему это может привести?

В чем отличие между осуждением, наказанием и исправлением?

Когда в следующий раз вы подвергнетесь нападкам или обвинениям, какой будет ваша реакция?

Должны ли мы выражать свои потребности?

Если в отношениях с другим человеком наши потребности не были удовлетворены, мы должны быть честными и рассказать об этом. Однако, важно выразить свои потребности таким образом, чтобы это не выглядело критикой или осуждением другого.

Мы пожинаем то, что сеем

Бог поместил нас в сообщество других людей, потому что именно в общении с ними мы растем и развиваемся. Всем нам необходимо чувствовать себя любимыми, принятыми и признанными. Это наши законные потребности.

Иисус сказал: «...блаженнее давать, нежели принимать» (Деян. 20:35). Помогая ближним, мы помогаем и самим себе.

«Давайте, и дастся вам: мерою доброю, утрясенною, нагнетенною и переполненною отсыплют вам в лоно ваше; ибо, какою мерою мерите, такою же отмерится и вам» (Лк. 6:38).

Если вы хотите, чтобы вас любили — любите сами. Хотите иметь друга — будьте другом.

Люди бывают неразумны, нелогичны и эгоистичны — все равно прощайте им.

Если вы проявили доброту, а люди обвинили вас в тайных личных побуждениях — все равно проявляйте доброту.

Если вы добились успеха, то у вас может появиться множество мнимых друзей и настоящих врагов — все равно добивайтесь успеха.

Если вы честны и откровенны, то люди будут вас обманывать — все равно будьте честны и откровенны.

То, что вы строили годами, может быть разрушено в одночасье — все равно стройте.

Если вы обрели безмятежное счастье, то вам будут завидовать — все равно будьте счастливы.

Добро, которое вы сотворили сегодня, люди позабудут завтра — все равно творите добро.

Делитесь с людьми лучшим, что у вас есть, и им этого никогда не будет достаточно — все равно делитесь самым лучшим.

В конце концов вы убедитесь, что все это никогда не было между вами и ими, все это было между вами и Богом.

ПАУЗА ДЛЯ РАЗМЫШЛЕНИЯ 3

Какие законные потребности есть у каждого, и как мы можем их выразить, не испортив отношений?

Что, по вашему мнению, неправильно в следующих заявлениях?

Как можно их изменить в лучшую сторону?

«Ты всегда после обеда оставляешь мне убирать со стола, а сам идешь смотреть телевизор. Ты такой лентяй и эгоист!»

«Твоя комната похожа на свинарник! Ты просто грязнуля. Мне жаль твоего будущего мужа».

 ## СВИДЕТЕЛЬСТВО

Как вы можете стать хорошим соседом тем, кто живет в вашем доме? Как вы можете лучше узнать соседей, чтобы понять, в чем они нуждаются?

 ## НА СЛЕДУЮЩЕЙ НЕДЕЛЕ

Прочитайте Лк. 6:27–41. Возможно, это занятие убедило вас пересмотреть свое отношение к близким, друзьям, соседям. Может быть, вы поняли необходимость попросить у кого-то прощения. Если вы чувствуете, что Бог вас обличает, идите к тому человеку и попросите прощения, честно сказав о своей вине. (Не делайте это в письме или по электронной почте — это может быть не так понято или использовано против вас).

ЗАНЯТИЕ 12. Выбор правильной цели

ЗНАКОМСТВО

Чего бы вы хотели достичь к моменту окончания своей жизни?

ПРОСЛАВЛЕНИЕ

Бог всегда будет с нами. Евр. 13:5, 6; Пс. 93:14; Мф. 28:20.

СЛОВО

Ключевой стих: Цель же увещания есть любовь от чистого сердца и доброй совести и нелицемерной веры (1 Тим. 1:5).

Ключевая истина: Никто и ничто не может помешать нам стать теми, кем нас создал Бог.

Каковы ваши жизненные цели?

Каждый из нас стремится добиться того, что, как нам кажется, принесет чувство удовлетворенности, значимости, счастья и так далее. Вопрос в том, в самом ли деле то, что мы пытаемся сделать, способно дать нам это чувство? Или наши жизненные цели в какой-то степени неверны?

Под словом «цель» мы имеем ввиду те достижения, осуществление которых является фундаментально важным для нашей самооценки. Это то, чем мы меряем, насколько состоялись в жизни.

Отрицательные эмоции — индикаторы неверных целей

Бог оснастил нас системой обратной связи, предназначение которой — привлечь наше внимание к тому, в правильном ли направлении мы движемся. Эту обратную связь дают наши эмоции.

Когда происходящее в нашей жизни заставляет нас испытывать чувство гнева, беспокойства или подавленности, то эти эмоции являются индикаторами того, что мы стремимся к неправильной цели, основанной на обмане.

Гнев — признак заблокированной цели

Если вы не хотите жить в гневе, освободитесь от любой цели, зависящей от других людей или обстоятельств. Потому что у вас нет ни права, ни возможности их контролировать. Подобная цель — не то, что Бог хочет

для вашей жизни.

Беспокойство — признак ненадежной цели, достижение которой не гарантировано

Депрессия — признак недостижимой цели

Если не прослеживается явной физиологической причины депрессии, то ее корень обычно кроется в чувствах беспомощности и безнадежности. Они часто возникают, когда цель, достижение которой чрезвычайно важно для нашей самооценки, начинает казаться недосягаемой.

ПАУЗА ДЛЯ РАЗМЫШЛЕНИЯ 1

Как наши эмоции показывают (и показывают ли вообще), что наша цель не соответствует Божьей воле?

Как обычно люди реагируют на заблокированную цель? Как вы реагируете, если не все складывается по-вашему, или если кто-то или что-то мешает вам делать то, что хочется?

Депрессия часто возникает, когда нас захватывают чувства беспомощности и безнадежности, особенно в отношении нашего будущего, обстоятельств в которых мы оказались, или нашего представления о себе. Как эти чувства можно преодолеть верой в Бога?

Неправильная реакция на то, что нам мешают достичь своих целей

Если у нас сложится убеждение, что наша самооценка и успех в жизни зависят от других людей и обстоятельств, мы будем пытаться ими манипулировать.

Замена неправильных целей на правильные

Если у Бога есть для нашей жизни цель, может ли она быть заблокирована или ее осуществление быть ненадежным или невозможным? Нет!

Богом данная цель для нашей жизни не может зависеть от других людей или обстоятельств, потому что у нас нет над ними контроля.

Что нам делать с целью, самой по себе достойной и благородной, но осуществление которой зависит от окружающих или обстоятельств? Нам нужно перевести ее из категории «цель», определяющей нашу самооценку и успешность в жизни, в категорию, которую можно назвать «благочестивым желанием».

Разница между «целью» и «желанием»

Божья цель — это любое стремление, отражающее Божью волю для нашей жизни и **не зависящее** от людей и обстоятельств, контролировать которые у нас нет ни права, ни возможности.

Благочестивое желание — это любое стремление, **зависящее** от факторов, которые мы не можем и не имеем права контролировать, как например, благоприятное стечение обстоятельств и сотрудничество с нами других людей.

Фундаментальная разница между ними в том, что мы не можем определять свою самооценку или успешность жизни осуществлением своих *желаний*, какими бы благочестивыми они ни были, поскольку их осуществление зависит не только от нас.

Единственный человек, который может помешать осуществлению *Божьей цели* — это вы сами.

Какова Божья цель для нашей жизни

2 Пет. 1:3–10 начинается с объяснения того, что для нас уже совершено:

- нам уже даровано «все потребное для жизни и благочестия»;

- мы «причастники Божеского естества»;

- мы «...удалились от господствующего в мире растления...».

Если мы будем пытаться жить благочестиво, не осознавая, что для нас уже совершено и что у нас уже есть во Христе, то будем просто стараться лучше следовать определенному своду правил. Божья цель для нашей жизни основана на том, что для нас совершил Христос.

«То вы, прилагая к сему все старание, покажите в вере вашей добродетель, в добродетели рассудительность, в рассудительности воздержание, в воздержании терпение, в терпении благочестие, в благочестии братолюбие, в братолюбии любовь» (2 Пет. 1:5–7).

Здесь дан перечень черт характера. Главная забота Бога — это не столько то, что мы делаем, сколько то, какие мы есть.

Цель, которую Бог предназначил каждому христианину, может быть определена следующим образом: становиться подобными Христу.

Трудности помогают в достижении Божьей цели

Мы можем радоваться горю, «...зная, что от скорби происходит терпение, от терпения опытность, от опытности надежда» (Рим. 5:3–4).

«С великою радостью принимайте, братия мои, когда впадаете в различные искушения, зная, что испытание вашей веры производит терпение; терпение же должно иметь совершенное действие, чтобы вы были совершенны во всей полноте, без всякого недостатка» (Иак. 1:2–4).

Трудности, которые мы испытываем в жизни, — это средство достижения нашей самой главной жизненной цели — становиться подобными Христу. Настойчивость при преодолении трудностей закаляет характер.

Всем необходимо иногда бывать на вершине, но плодородная для роста земля находится в долинах.

ПАУЗА ДЛЯ РАЗМЫШЛЕНИЯ 2

Как понимание разницы между благочестивыми желаниями и Божьими целями может позитивно повлиять на наше эмоциональное состояние и жизнь в свободе?

Какова главная Божья цель для вас? Почему ее невозможно заблокировать?

Почему знание того, что никто и ничто не может помешать нам становиться такими, какими нас создал Бог, дает нам ощущение свободы?

Когда нашей целью становится любовь

Апостол Павел сказал: «Цель же увещания есть любовь...» (1 Тим. 1:5). Любовь определяет характер Бога, потому что Он это любовь (1 Ин. 4:7, 8).

СВИДЕТЕЛЬСТВО

Как способность различать цели и желания может помочь вам свидетельствовать об Иисусе Христе более эффективно?

НА СЛЕДУЮЩЕЙ НЕДЕЛЕ

Посвятите немного времени заполнению анкеты «Чему я верю?» в «Руководстве для участника» (стр. 102) (в «Руководстве для Ведущего» стр.280). Она поможет вам лучше понять, чему вы верите о себе и своей жизни.

Вас не попросят поделиться результатами с группой. Постарайтесь отвечать искренне и серьезно.

	Низкий балл		Высокий балл		

1. Насколько я успешен?   1   2   3   4   5

Я был бы более успешным, если бы ....

2. Насколько я значим?   1   2   3   4   5

Я был бы более значимым, если бы ....

3. Насколько я удовлетворен жизнью?   1   2   3   4   5

Я был бы более удовлетворен, если бы ....

4. Насколько я реализовался в жизни?   1   2   3   4   5

Я был бы более реализован, если бы ....

5. Насколько я счастлив?   1   2   3   4   5

Я был бы более счастлив, если бы ....

6. Насколько моя жизнь весела и радостна?   1   2   3   4   5

Я жил бы веселее и радостнее, если бы ....

7. Насколько я чувствую себя защищенным?   1   2   3   4   5

Я был бы более защищен, если бы ....

8. Насколько моя жизнь мирная?   1   2   3   4   5

У меня было бы больше мира, если бы ....

ЗАНЯТИЕ 13. Следование верным путем

ЗНАКОМСТВО

Вас когда-нибудь заставили поверить в то, что на самом деле оказалось неправдой?

ПРОСЛАВЛЕНИЕ

Воздать Богу хвалу за то, что Он способен завершить начатую в нас работу (Фил. 1:6; Иуд. 24).

СЛОВО

Ключевой стих: Говорю это не потому, что нуждаюсь, ибо я научился быть довольным тем, что у меня есть. Умею жить и в скудости, умею жить и в изобилии; научился всему и во всем, насыщаться и терпеть голод, быть и в обилии и в недостатке. Все могу в укрепляющем меня Иисусе Христе (Фил. 4:11–13).

Ключевая истина: Если мы хотим стать действительно успешными, реализованными, довольными собственными достижениями, нам необходимо избавиться от ложного восприятия себя и решить верить истине в Библии.

Для меня жизнь...

Апостол Павел сказал: «...Для меня жизнь — Христос, и смерть — приобретение» (Фил. 1:21).
Но:
* Для меня жизнь — *моя карьера*, и смерть —... *потеря*.
* Для меня жизнь — *моя семья*, и смерть —... *потеря*.
* Для меня жизнь — *мое христианское служение*, и смерть —... *потеря*.

Если смысл нашей жизни во Христе и уподоблении Ему, то после смерти все будет несравнимо лучше!

Чему вы действительно верите?

Анкета «Чему я верю?» на странице 102 поможет осознать ваши истинные убеждения о восьми аспектах вашей жизни. В настоящий момент вы живете в соответствии с этими идеями. Вопрос в том, соответствуют ли ваши представления об успехе, значимости, счастье и так далее, тому, что об этом говорит Бог?

Чем дальше мы на своем жизненном пути, тем становится важнее, чтобы наша система убеждений основывалась на том, что в действительности является истиной.

Успех приходит с выбором верной цели

Божья цель для нашей жизни основана на нашем положении во Христе и на том, что Бог уже для нас сделал (см. 2 Пет. 1:3–10).

Мы начинаем со своих убеждений (веры). После этого, нашей главной целью становится развитие в себе черт характера Господа: добродетель, рассудительность, воздержание, терпение, благочестие, братолюбие и христианская любовь. Так, чтобы эти качества отражались в нашей жизни. Следование Божьей цели приведет к успеху с точки зрения Бога.

Цель, поставленная перед нами Богом, не зависит ни от наших способностей ни от окружающих нас людей. Каждый христианин в состоянии осознать, кем он является во Христе и преобразовывать свой характер.

Для Иисуса Навина успех определялся только одним: следовал ли он в своей жизни указаниям Господа или нет (Нав. 1:7, 8).

Успех означает принять Божью цель для своей жизни и по Его благодати становиться таким человеком, каким Он призвал нас быть.

Значимость приходит с правильным использованием отпущенного нам времени

Что забывается, то имеет мало значения. Что помнится и важно для вечности — имеет огромное значение.

«У кого дело, которое он строил, устоит, тот получит награду» (1 Кор. 3:14).

«...Упражняй себя в благочестии, ибо телесное упражнение мало полезно, а благочестие на все полезно, имея обетование жизни настоящей и будущей» (1 Тим. 4:7, 8).

Если вы хотите повысить свою значимость, тратьте свою энергию на существенные дела, те, которые важны для вечности.

Самореализация приходит со служением ближним

«Служите друг другу, каждый тем даром, какой получил, как добрые домостроители многоразличной благодати Божией» (1 Пет. 4:10).

Самореализация — это открытие своей уникальности во Христе и использование способностей и даров для помощи ближним и прославления Бога.

Ключ к личной реализации в том, чтобы увидеть те особые, нам одним предназначенные роли, и решить в их исполнении быть такими, какими Бог хочет нас видеть.

Удовлетворенность приходит с качеством жизни

«Блаженны алчущие и жаждущие правды, ибо они насытятся» (Мф. 5:6). Ничто другое по-настоящему не удовлетворит нас, кроме познания истины и жизни, основанной на этой истине.

Удовлетворенность — это вопрос не количества, а качества. Ключ к удовлетворенности не в том, чтобы делать больше, а в том, чтобы улучшить качество того, чем вы уже занимаетесь.

Удовлетворенность приходит, когда мы ведем праведную жизнь и стремимся улучшить качество отношений с людьми и качество всего, что мы делаем.

Счастье приходит тогда, когда мы хотим то, что уже имеем

Преставление мира о счастье — это *иметь то, что нам хочется*. Однако настоящее счастье приходит, когда *мы хотим то, что уже имеем*.

«Великое приобретение — быть благочестивым и довольным. Ибо мы ничего не принесли в мир; явно, что ничего не можем и вынести из него. Имея пропитание и одежду, будем довольны тем» (1 Тим. 6:6–8).

Если мы будем концентрироваться на том, чего у нас нет, мы будем вечно несчастны. Если мы научимся ценить и довольствоваться тем, что у нас уже есть, мы будем счастливы всю жизнь.

Веселье и радость приходят с наслаждением каждым моментом жизни

Веселье и радость приходят, когда мы избавляемся от скованности и становимся спонтанными.

Секрет приобретения раскованности и спонтанности — в избавлении от небиблейских запретов, условностей и ложных приличий.

Намного радостнее угождать Богу, чем людям.

Защищенность приходит с фокусированием на вечных ценностях

Мы чувствуем себя незащищенными, если основываем свою жизнь на временном и преходящем, зависимом от земных вещей, над которыми у нас нет никакого контроля.

Мы будем чувствовать защищенность и безопасность, если будем основывать свою жизнь на вечных ценностях.

Иисус сказал, что никто не может похитить нас из руки Отца Его (Ин. 10:27–29). Павел нас заверил, что ничто не может отлучить нас от любви Божьей в Иисусе Христе (Рим. 8:35–39) и что мы запечатлены «в Нем» обетованным Святым Духом (Еф. 1:13, 14). Какой еще безопасности вам не хватает?

Абсолютно все, что у нас сейчас есть, мы однажды потеряем. Джим Эллиот сказал: «Тот не глупец, кто отдает то, что не может сохранить, чтобы обрести то, что не может утерять». Смотрите также Фил. 3:7, 8.

Мир приходит с утиханием внутренней бури

Если мы будем искать мир во внешних обстоятельствах своей жизни, нас ждет разочарование.

Мир от Бога не внешний, а внутренний.

Мир с Богом — это то, что мы уже имеем (Рим. 5:1). Мир от Бога — это то, что нам нужно обретать и хранить в себе каждый день.

У нас может быть внутренний мир даже во время бушующего вокруг нас шторма.

«Мир оставляю вам, мир Мой даю вам; не так, как мир дает, Я даю вам. Да не смущается сердце ваше и да не устрашается» (Ин. 14:27).

Это первый день вашей новой жизни

*   Жизнь в вере сводится к каждодневному принятию решения верить тому, что Бог называет истиной, и жить в соответствии с этой истиной в силе Духа Святого.
*   Вы можете идти дальше с твердой уверенностью, что:

- Вы дитя Божье, и что Он вас любит.

- Какой бы ни была ситуация, вашего Отца заботит мельчайшая деталь вашей жизни, и Его «...намерения во благо, а не на зло, чтобы дать вам будущность и надежду» (Иер. 29:11).

- Ничто и никто не может помешать вам становиться такой личностью, какой хочет видеть вас Бог — это зависит исключительно от вашего решения.

- Божья цель для вашей жизни касается прежде всего вашего характера — того, какие вы есть, а не того, что вы делаете.

Письмо неизвестного автора, доверившего свою жизнь Господу:

Я принадлежу к «Обществу оправданных». Во мне сила Духа Святого. Жребий брошен. Решение принято. Черта переступлена. Я — Его ученик. Я не буду оглядываться назад, замедлять шаги, отступать или застывать на месте. Мое прошлое искуплено, настоящее наполнено смыслом и будущее в безопасности. Я навсегда покончил с никчемной жизнью, мелкими планами, бесцветными мечтами, приземленными разговорами, мизерными пожертвованиями и карликовыми целями!

Меня более не прельщает превосходство, процветание, положение, продвижение по службе, аплодисменты или популярность. Мне теперь не обязательно быть правым, первым, самым лучшим, признанным, хвалимым, уважаемым и вознагражденным. Я теперь живу в присутствии, опираюсь верой, люблю терпением, поднимаю молитвой и тружусь дарованной мне силой.

Моя позиция определена, моя походка быстра, моя цель ясна, моя дорога узка, мой путь труден, моих попутчиков немного, мой проводник надежный, моя миссия понятна. Меня нельзя купить, скомпрометировать, свернуть с дороги, переманить, задержать или повернуть назад. Я не дрогну перед необходимостью жертвы, не поколеблюсь перед лицом трудностей, не буду вести переговоры с врагом, не завязну в болоте популярности и не буду бродить без цели в лабиринте посредственности.

Я не сдамся, не замолчу, не отпущу и не сгорю, пока я могу проповедовать, молиться и продолжать делать дело Христа.

Я — последователь Иисуса. Я должен идти, пока Он не придет, рассказывать, пока все не узнают и трудиться, пока Он не остановит.

И когда Он вернется, чтобы забрать Своих, узнать меня Ему будет легко. Мои одежды будут чисты.

То, что мы совершаем для Бога, мы делаем не для того, чтобы заслужить Его одобрение или показать себя. А потому, что любим Его. И благодарны за то, что Он для нас сделал.

Вся ваша последующая жизнь перед вами. Это увлекательно. Вы можете стать такой личностью, какой хочет видеть вас Бог. И никто и ничто не может остановить вас на этом пути.

ПАУЗА ДЛЯ РАЗМЫШЛЕНИЯ 2

Если счастье — это «хотеть то, что уже есть», а не «получить то, что хочется», как вы можете изменить отношение к своей жизненной ситуации?

Веселье может быть быстротечным, но радость в Боге длится вечно. Как вы можете испытывать эту глубинную радость и, в то же время, сделать свою христианскую жизнь более занимательной и веселой?

Что заставляет людей чувствовать себя незащищенными? Как вы можете стать более защищенными?

Запишите два аспекта своей жизни из тех восьми в анкете «Чему я верю?», которые кажутся для вас самыми трудными. Как вы можете улучшить свою жизнь в этих сферах?

 ## СВИДЕТЕЛЬСТВО

Выберите два или три аспекта своей жизни, рассмотренные на этом занятии. Если вы будете применять изученные принципы на практике, как это может повлиять на неверующих людей вокруг вас?

 ## НА СЛЕДУЮЩЕЙ НЕДЕЛЕ

Какие вопросы анкеты «Чему я верю?» оказались для вас самыми трудными? Посвятите какое-то время чтению соответствующих отрывков из Библии, данных в разделе «Божьи ориентиры для жизни в вере» на странице 111 «Руководства для участника». Вы можете использовать их для создания «Разрушителя твердынь» и ежедневного обновления своего ума.

Успех приходит с выбором верной цели

Успех означает принять Божью цель для своей жизни и по Его благодати становиться таким человеком, каким Он призвал нас быть (Нав. 1:7, 8; 2 Пет. 1:3–10; 3 Ин. 2).

Значимость приходит с правильным использованием отведенного нам времени

Что со временем забывается — не представляет особой важности. Что помнится вечно — имеет самое большое значение (1 Кор. 3:13; Деян. 5:33–40; 1 Тим. 4:7, 8).

Самореализация приходит от служения ближним

Самореализация — это открытие своей уникальности во Христе и использование своих талантов для помощи ближним и прославления Бога (2 Тим. 4:5; Рим. 12:1–18; Мф. 25:14–30).

Удовлетворенность приходит с качеством жизни

Удовлетворенность приходит, когда мы живем праведно и стараемся улучшить качество отношений и всего, что делаем (Мф. 5:5; Прит. 18:24; 2 Тим. 4:7).

Счастье приходит, когда мы хотим то, что уже имеем

Счастье — это чувствовать благодарность за то что мы имеем, а не концентрироваться на том, чего у нас нет, потому что счастливые люди хотят то, что у них уже есть! (Фил. 4:12; 1 Фес. 5:18; 1 Тим. 6:6–8).

Веселье и радость приходят от наслаждения каждым моментом жизни

Секрет умения веселиться и радоваться лежит в избавлении от небиблейских запретов, условностей и ложных приличий (2 Цар. 6:20–23; Гал. 1:10, 5:1; Рим. 14:22).

Защищенность приходит от фокусирования на вечных целях

Мы не чувствуем себя защищенными, когда основываем свою жизнь на преходящем, а не на вечном (Ин.10:27–30; Рим. 8:31–39; Еф. 1:13, 14).

Мир приходит с утиханием внутренней бури

Мир от Бога — внутренний, а не внешний (Иер. 6:14; Ин. 14:27; Фил. 4:6, 7; Ис. 32:17).

www.ingramcontent.com/pod-product-compliance
Lightning Source LLC
Chambersburg PA
CBHW061750020426
42331CB00006B/1418

* 9 7 8 9 9 8 4 6 1 3 8 6 4 *